অতৃপ্ত প্রতিশোধ

রিপন কুমার দে

শৈলী প্রকাশনী

ISBN: 9781738269129

Imprint: ISK

Cover Design: Artinapps

First Edition: 2024

Printed in the United States of America

Publisher: Shoily Prokashoni

উৎসর্গ

স্বর্গীয় সত্যজিৎ ধর

(আমার ছোট মামা)

আগে ব্লগ এ খুব লিখালেখি করতাম। তখন আমাদের আশেপাশে ঘটে যাওয়া ক্ষুদ্র ক্ষুদ্র ঘটনাচিত্র নিয়ে আমার কয়েকটি গল্প লিখার সুযোগ হয়, তারই ধারাবাহিকতায় এই ছোট ছোট গল্প গুলোকে একটা প্লাটফরম-এ নিয়ে আসার প্রয়াস নেই পরবর্তীতে, এই প্রয়াসের ফলাফলই এই ছোট বইটি।

সব গল্পগুলো পড়ার আমন্ত্রণ রইল। কতটা ভাল লাগা বোধ এনে দিবে জানি না, তবে এটা বলতে পারি, আমার পক্ষ থেকে চেষ্টার কোন ত্রুটি ছিল না। আমার গল্পগুলো আপনাদের কে এতোটুকু আনন্দ দিতে পারলেই আমি সার্থক মনে করব।

রিপন কুমার দে,
ব্রিটিশ কলম্বিয়া, কানাডা

বনজ্যোৎস্না

তুমি রোদ রক্তিম ভেজা হাওয়া

আর শান্ত বিকাল বেলা,

আমি করিডোরে বসা ছোট্ট পাখির

সঙ্গীতে করি খেলা !

- সাইমুম সালেহীন

সূচিপত্র

গল্প: অতৃপ্ত প্রতিশোধ

১.

তাপস বাবু তার রুটিনমাফিক ঝামেলা থেকে আর পরিত্রান পাচ্ছেন না কোনভাবেই। ঘরে এখনও রান্না বসানো হয়নি। কারন কেয়ারটেকার এখনও এসে পৌছায়নি। গতকালও বাজারের একটি হোটেল থেকে খেয়ে আসতে হয়েছে। ডাল-মাংস ভুনা নামের গ্রামের যে ঐতিহ্যবাহী খাদ্যটি তিনি গতকাল গলাধ:করন করেছেন তা এখনও জানান দিচ্ছে। পেটে ক্ষীন ব্যথা নিয়ে টেবিলে বসে আছেন। ফুড-পয়জনিং লক্ষন মনে হচ্ছে। গতানুগতিকতার বাইরে শারীরিক যন্ত্রনা ভুলে থাকবার সবচেয়ে ভাল উপায় হচ্ছে মস্তিষ্ককে সার্বক্ষনিক ব্যস্ত রাখা। অথবা উত্তেজক কিছু উপভোগ করা। তাপস বাবু প্রথম টনিককেই বেছে নিলেন। নিউরনগুলোকে সজীব করার জন্য এখন একটি নতুন গল্প সাজিয়ে নেওয়া যায়। প্রথম আউটলাইনটা গড়তেই ভাবতে হয় গভীরভাবে। কোন নতুন গল্পের প্রাথমিক প্লাটফরমটা দাড়িয়ে গেলেই বাকিটুকু অবাধ স্রোতপ্রবাহের মত এমনিতেই অগ্রসর হতে থাকে।

প্রথমেই তাপস বাবুর পরিচয়টা দেওয়া যাক। তাপস বাবু প্রখ্যাত লেখক। বিশ্বব্যাপি পরিচিতি। দুইটা বই ইউনেস্কো পুরষ্কার পেয়েছে। “Paranormal Humanism” আর “Supernatural Belief”। তারপর থেকেই খ্যতি ছড়িয়ে পড়ে বিশ্বব্যাপি। লেখালেখিতেই এখন পুর্ন সময় ব্যয় করা হয়। বাকিটুকু সময় ভ্রমন করেই কাটান। এতেই ভাল লাগে।

অতৃপ্ত প্রতিশোধ

তাপস বাবু এই গ্রামে মাত্র কদিন হল বেড়াতে এসেছেন, অনেকটাই গোপনে। ঠিক বেড়ানোও না। উদ্দেশ্য নিয়ে আসলে এটাকে সবসময় বেড়ানো বলে চালিয়ে দেওয়া যায় না। নিরিবিলি পরিবেশে কয়েকটি গল্প লেখার উদ্দেশ্যই আসার মুল কারন। গ্রামের এক ইউনিয়ন চেয়ারম্যান নিজেই জনমানবশুন্য এই সুন্দর বাংলোতে থাকার সব বন্দোবস্ত করে দিয়েছেন। দেখাশোনার জন্য একজন কেয়ারটেকারকে দায়িত্ব দিয়ে গিয়েছেন। কিন্তু লোকটি কাজে আসছে অনিয়মিতভাবে। কাল রাতেও আসেনি। আজ তো এখনও খবর নেই। আজ না আসলে ঐ হোটেলের ডাল-মাংস ভুনা আবার খেতে হবে কিনা কে জানে! আর তো তেমন ভাল কোন হোটেলও নেই এখানে।

একটি আধো-ভৌতিক গল্পের প্লাটফরম দাড়ঁ করাতে চেষ্টা করছেন তাপস বাবু। জঙ্গলামত এই পুরনো বাংলোয় নিরিবিলি পরিবেশটা মনে হয় এই জেনরির জন্যই উপযুক্ত। তাপস বাবু মস্তিষ্ককে ব্যস্ত রাখার চেষ্টা করছেন। গল্পের পরিমন্ডলটি সাজিয়ে নিচ্ছেন একটু একটু করে। এখনও পেটের ক্ষীন ব্যথাটিকে তাড়ানো যাচ্ছে না। বরং তীব্র আকার ধারন করছে ক্রমাগত। পেটে চেপে ধরে থাকলেন কিছুক্ষন। কিছুটা প্রশান্তি লাগছে এখন।

তাপস বাবু পাশের রুমের বুক শেলফের কাছে গেলেন। সবগুলো বইই পুরনো। প্যারা-নরমাল একটিভিটিজ নিয়ে একটি বই পাওয়া গেল – আর্নেস্ট হেমিঙওয়ের লিখা। “A Movable feast” আগেও একবার পড়েছিলেন বইটি। আবারও পড়তে ইচ্ছে করছে। আর্নেস্ট হেমিঙওয়ে তাপস বাবুর সবচেয়ে প্রিয় লেখক। লেখালেখির আদর্শ বলে মানেন। অনেক গল্প পরিকল্পনায় উনাক চিন্তাশক্তিকে অনুসরন করার চেষ্টা করেন। বইটি হাতে নিয়ে টেবিলে আসলেন। জানালা খোলা, হু হু করে বাতাস আসছে জানালা দিয়ে। একটু শীত শীতও করছে। তবু জানালা

বন্ধ করতে ইচ্ছে করছে না। জানালা দিয়ে আকাশের দিকে তাকিয়ে থাকলেন কিছুক্ষন। আকাশে মেঘ জমেছে, বৃষ্টি হবে হয়তো আজ। এক ফালি চাদঁ বাশ-ঝাঁড়ের ফাক দিয়ে দেখা যাচ্ছে। চাদেঁর ম্লান আলোয় চারপামটা কেমন রহস্যময় লাগছে। ঝড়ো রাত্রিতে চারদিকটা কেমন গা ছমছম নিরবতা। বাতাসে গাছের পাতাগুলো হুলি খেলায় মেতে উঠেছে। এখন পেটের ব্যথাটা একটু কমেছে মনে হয়। যাক, বাচাঁ গেল। বাতাসের বেগ আরও বাড়া শুরু করল। বৃষ্টিও পড়তে লাগল অল্প অল্প। ইলেকট্রিসিটি চলে গেল হঠাৎ করে। রাত প্রায় ১২ টায় লোড-শেডিং হবার কথা না। ঝড়ের পুর্বাবাস বলেই বোধ হয় ইলেকট্রিসিটি চলে গেছে।

তাপস বাবু বিরক্তি ভাব নিয়ে মোমবাতি খুজতে লাগলেন। প্রায় এক সপ্তাহ হল এই বাংলোতে এসেছেন, এখনও কোথায় কি আছে মনে রাখতে পারছেন না। কেয়ারটেকার পরিমলই খুজে-টুজে দেয় সবকিছু। আর আজ সে না আসাতেই বোধ হয় এত অনাকাংখিত ঝামেলা তৈরি হচ্ছে। চুলার নিচে হাতড়ে হাতড়ে অবশেষে একটি মোমবাতি আর দেয়াশলাই পাওয়া গেল। তাপস বাবু মোমবাতি জালিয়ে টেবিলে এসে বসলেন। বইটা খুলতে গিয়ে দেখলেন বই প্রায় ভিজে গিয়েছে। শুধু বই না, পুরো টেবিলটাই বৃষ্টির পানিতে ভেজা। বিরক্তিবোধ চরমে গিয়ে উঠল। কাল পরিমল আসলে আচ্ছামত শাসাতে হবে ব্যাটাকে। তাপস বাবু জানালার ডালাটি বন্ধ করার জন্য টেবিল থেকে উঠতে গিয়ে কিছুক্ষন স্তব্ধ হয়ে দাড়িয়ে রইলেন। জানালার দিকে তাকাতে গিয়ে ভয়ের শীতল স্রোত বয়ে গেল শীড়দাড়া দিয়ে। একজোড়া বড় বড় চোখ তার দিকে একদৃষ্টিতে অপলক তাকিয়ে আছে। কিছুক্ষন তাকিয়ে থাকলে এই দুটি চোখ একজন মানুষকে পুড়িয়ে দেওয়ার জন্য যথেষ্ট।

২.

জানালার বাইরে থেকে সুতীব্র দৃষ্টিতে তাকিয়ে আছে ছেলেটি তাপস বাবুর চোখের দিকে। গায়ের রং ধবধবে ফর্সা। এ ধরনের ফর্সা ছেলে সচরাচর দেখতে পাওয়া যায় না গ্রামে-গঞ্জে। একটি ১২/১৩ বছরের ছেলের চোখের যেরকম দীপ্তি থাকার কথা তার চোখে-মুখে এর থেকে বেশিই আছে। সেই দীপ্তিময় দৃষ্টি যে কারো পূর্ণ মনোযোগ কেড়ে নেওয়ার জন্য যথেষ্ট। ছেলেটির অস্বাভাবিক দৃষ্টি তাপস বাবুকে প্রবল কৌতুহলী করে তুলল। মুখের বাম দিকটায় একটি বড় কাটা দাগ আছে ছেলেটার। দাগটা অনেকটাই আকাঁবাকাঁ। হয়তো বয়সিক দুষ্টুমির কোন চাপ। বৃষ্টির কারনে শরীর পুরো ভেজা। দাগটির ক্ষত দিয়ে বৃষ্টির পানি থেকে থেকে পড়ছে।

কিছু বলবে তুমি?-তাপস বাবু কৌতুহল নিয়ে জিজ্ঞেস করলেন। প্রশ্ন শোনামাত্র ছেলেটি আর বিলম্ব করল না, চোখের নিমিষে পালিয়ে গেল। তাপস বাবু কৌতুহল দমন করার চেষ্টা করলেন্। সম্ভাব্য উত্তরগুলো মনের মত সাজিয়ে নিলেন। হয়তো গ্রামের কোন সম্ভান্ত পরিবারের কোন ছেলে বৃষ্টির কারনে কোথাও আটকা পড়েছিল। বৃষ্টি কমার লক্ষন নাই দেখে ভিজেই রওয়ানা দিয়ে দিল এবং পথিমধ্যে অপ্রত্যাশিত আগন্তুক দেখে জানালা দিয়ে অবাক হয়ে তাকিয়ে থাকল।

পরদিন সকাল। তাপস বাবু দেখলেন তিনি একটি বড় খেয়া নৌকার উপর বসে আছেন। নৌকার মাঝিকে খুব চেনা চেনা লাগছে। কাছে গিয়ে দেখেন মাঝিটি আর কেউ না, আর্নেস্ট হেমিং, বিশ্বখ্যাত রাইটার। কিন্তু এ কি করে হয়। তাপস বাবু নিজেকে ধাতস্থ করতে কিছুটা সময় লাগালেন। মনে মনে ভাবলেন, কদিন ধরে একটি প্যারানরমাল একটিভিটিজ নিয়ে একটি গল্প সাজিয়ে আনার চেষ্টা করছেন। হয়তো বিরতীহীন চিন্তায় মস্তিস্কে ঘোর-লাগা সৃষ্টি হয়েছে। ঘোরের

কারনেই হয়তো মাঝিকে আর্নেস্ট হেমিঙের মত দেখাচ্ছে। তবু কিঞ্চিত আগ্রহ নিয়ে জিজ্ঞেস করলেন, “আপনাকে কি আমি চিনি?”

“চেনার তো কথা, আমি আর্নেস্ট হেমিং। আপনার প্রিয় লেখক“, মাঝি বলল। তাপস বাবু শুকনা গলায় বললের, “কিন্তু এ কি করে হয়। এটা কি স্বপ্নে দেখছি”

স্বপ্ন কিনা এটা প্রমান করার জন্য আনের্স্ট হেমিং পানির ছিটা দিতে লাগলেন। পানির ঝাপটা গায়ে এসে লাগতে লাগল তাপস বাবুর। হঠাৎ ঘুম ভেঙ্গে ধরমরিয়ে উঠে গেলেন। সামনে নিচু হয়ে পরিমল দাড়িয়ে। পানির ছিটা দিয়েই যাচ্ছে সে। পানির ঝাপটা দিয়ে তাপস বাবুর ঘুম ভাঙ্গানোর চেষ্টা করে যাচ্ছে।

বাবু, কি এত বেলা করে ঘুমান? অনেকক্ষন ধরে জাগানোর চেষ্টা করছি। ঘরে বাজার নাই, বাজার আনতে হবে। টাকার দরকার। আপনার ঘুম কি ভাল হয়েছে?

তাপস বাবু অনেক কষ্টে নিজেকে সামলে নিলেন। পরিমলের হাত থেকে চায়ের পেয়ালাটি হাতে নিলেন। সাথে একটি সিগারেট ধরালেন। সকালে গরম চায়ের সাথে একটা সিগারেটের সহচর্য না পেলে সকালের আনন্দসূচনা হয় না।

“কাল আসনি কেন?”-তাপস বাবু সিগারেট ধরাতে ধরাতে জিজ্ঞেস করলেন পরিমলকে।

“ঝড়ের জন্যি বাবু, ঝড়ের জন্য পেছনের একটা বেড়া ভেঙ্গে পড়াতে আর আসা সম্বব হয়ে ওঠেনি”।

পরিমল দীর্ঘশ্বাস ফেলে বলল, “কি করব বাবু, একমাত্র সম্বল নিজের ভিটেমাটিটি চেয়ারম্যানের কাছে বন্ধক দিয়েছিলাম তিন বছর আগে। পরে সময়মতো চক্রসুদের টাকা ফেরত দিতে পারি নাই বলে চেয়ারম্যান পুরো ভিটেটাই দখল করে নিল। পরে অনেক চেষ্টা করেও এটা উদ্ধার করতে পারিনি। আর দেখেন, এখন সেই চেয়ারম্যানের একটা বাড়িতেই ভাড়া থাকতে হচ্ছে। বিধির খেল বাবু, সবই বিধির খেল। আর সেই ভাড়া বাড়ির কিছু হলে তো এখানেও ঠাঁই দেবে না। রাস্তায় গিয়ে থাকতে হবে বৌ-বাচ্চা নিয়ে।

তাপস বাবু জিজ্ঞেস করলেন, “বন্ধকের টাকা কেন নিয়েছিলে?”

পরিমল মুখ কালো করে বলল, “ছোট মেয়েটার এক্লেমশিয়া হয়েছিল তখন, বাবু। চিকিৎসার জন্যি অনেক টাকা দরকার ছিল। শেষ পর্যন্ত মেয়েটাকে বাচাঁতেও পারলাম না”। আফসোস। বলেই ডুকঁরে কাদাঁ শুরু করল পরিমল।

তাপস বাবু তাকে শান্ত করার ব্যর্থ চেষ্টা করে শেষ পর্যন্ত পাঞ্জাবীর পকেট থেকে টাকা বের করে বাজারের ফর্দ ধরিয়ে দিলেন তার হাতে তাকে ব্যস্ত করে তুলার জন্য। ব্যস্ততা মানুষের সকল দু:খ-কষ্টকে নিমিষেই ভুলিয়ে দিতে পারে।

৩.

রাতের খাবার শেষ করে টেবিলে বসে কেন জানি মনে হল আজ রাতে ছেলেটা হয়তো আসবে। তাই জানালা দিয়ে তাকিয়ে তাকলেন কিছুক্ষন তাপস বাবু। কিন্তু না, সে আসেনি। বিরস মুখে টেবিল ছেড়ে বিছানায় দিকে যাওয়ার সময় জানালার কপাটের শব্দ শুনে ফিরে তাকাতেই দেখলেন, শুভ্র ছেলেটা দাড়িয়ে আছে জানালার রড শক্ত করে ধরে। ছেলেটা কিছুক্ষন একদৃষ্টিতে তাকিয়ে থাকার পর কথা বলা শুরু করল।

“আপনি যে গল্পটা মনে মনে সাজাচ্ছেন প্যারানরমাল বিবেচনা করে, সেটা কোনভাবেই এই ক্যাটাগরিতে ফেলা যায় না।”

তাপস বাবু খানিক বিস্মিত হয়ে তার দিকে কিছুক্ষন তাকিয়ে নিজেকে সামলে নেওয়ার চেষ্টা করলেন। মনে মনে এর পেছনে যুক্তিসঙ্গত কারন বের করতে দ্রুত চিন্তা করতে লাগলেন। তিনি গল্পের বিষয়টি নিয়ে কাল বিকেলে গ্রামের এক স্কুল শিক্ষক হানিফ মিয়ার সাথে অনেকক্ষন কথাচ্ছলে বলেছিলেন। তার এই শিক্ষকের ছাত্র হওয়াটা অস্বাভাবিক কিছু নয়। কিন্তু এত ডিটেল নিয়ে ত আলাপ করেননি ওই শিক্ষকের সাথে। তাহলে কি সে তীব্র দৃষ্টিতে তাকিয়ে কারো অন্যের মস্তিস্কে ঢুকার ক্ষমতা রাখে। এ ধরনের অনেক উদাহরন আছে শুনেছি। আমেরিকার পেনসিলভেনিয়ার ডেভিড শিফিল্ড নামের এক লোক এভাবে কয়েকজন ব্যক্তির মস্তিস্কে ঢুকে তাদের চিন্তার হুবুহু বর্ননা করে সবাইকে তাক লাগিয়ে দিয়েছিল একবার। তাকে নিয়ে অনেক গবেষনাও করা হয়েছিল। গবেষকরা টেলিপ্যাথির ব্যাখ্যা দেখানো ছাড়া আর কোন বিশ্বাসযোগ্য কারন দেখাতে পারেন নি অবশ্য।

তাপস বাবু স্বাভাবিক ভঙ্গিতে জিজ্ঞেস করলেন, “কিভাবে বুঝলে প্যারানরমাল বলা উচিত না?”

সে জানালার রড আরো শক্ত করে ধরে বলতে লাগল, “কারন, সেইসব ঘটনাগুলোকে ব্যাখ্যতীত বলা হয়, যেগুলো বর্তমান সময় তার রহস্যের

নির্ভরযোগ্য কোন সমাধান দেখানোর ক্ষমতা রাখে না। যা অবশ্যম্ভাবীভাবে ভবিষ্যৎ কোন সময় ঠিকই বের করে নিবে।, তাই এখানে সময়ের আপেক্ষিকতাই এধরনের তুলনামূলক ধারনার পরিবর্তন ঘটানোর নিমিত্ত। আর কোন চলতি গবেষনা চলাকালীন সময় পর্যন্ত তাকে অলৌকিক আখ্যা দেওয়া স্বভাবতই অনুচিত বিবেচনা হওয়া উচিত"।

ছেলেটার গভীর চিন্তাশক্তি আর প্রখর কথাশৈলী তাপস বাবুকে প্রবল বিস্মিত আর কৌতহলী করে তুলল। ছেলেটার বাহ্যিক বয়সের সাথে তার চিন্তাশক্তি কোনভাবেই যায় না। তাপস বাবু অনেক চেষ্টা করেও এর পেছনে কোন যুক্তিসঙ্গত ব্যাখ্যা দাড় করাতে পারলেন না।

তাপস বাবু প্রবল আগ্রহভরে জিজ্ঞেস করলেন, "কি নাম তোমার?"

"শুভ্র"।

"তাপস বাবু বললেন, কাল বৃষ্টি ছিল, তোমার শরীর ভেজা ছিল, আজ তো বৃষ্টি নেই, তারপরও তুমি কাকভেজা কেন?"

"কুয়োতে স্নান করে এসেছি, তাই। "

"প্রতিদিনই কি তুমি এমন সময় কুয়োতে স্নান করতে যাও?"

"না, প্রতিদিন না, পূর্ণিমার শেষ তিনরাত যাই। তখন কুয়োতে জোয়ারের জন্য পানি ফুলে ওঠে। পানি হাতের নাগালে পাওয়া যায়"।

"শুধু পূর্ণিমার তিন রাত কেন?"

"ওই তিনরাতই শুধু হাতের পানি নাগালের মধ্যে থাকে। এখন যাই আমি"।

বলেই সে জবাবের অপেক্ষা না করে নিমিষে হাওয়া হয়ে গেল। তাপস বাবু

কয়েকবার ডাকলেন তাকে। কিন্তু কোন লাভ হল না। তাপস বাবু ক্রমশ কৌতুহলী হয়ে উঠছেন ছেলেটি নিয়ে।

পরদিন দুপুরে চেয়ারম্যান খোজ-খবর নিতে আসলেন হাতে দুই জোড়া ডাব নিয়ে। সাগরেদের হাতে একটি খাসি ধরা।

“বাবু, সময়ের অভাবে খাতির-যত্ন করতে পারছি না ঠিকমতো। কই রে, পরিমল, ডাবগুলো ধর, আর খাসিটা জবাই দে। আজ আমার মনটা বেজায় খুশ, বাবু। আমার প্রথম বউটা পোয়াতি, আজই ডাক্তার জানাল। আপনার আর কিছু কি লাগবে বাবু। একটা কিছু চান। আপনি অনেক বড় মাপের মানুষ, বাবু। আমার কাছে আপনার চাওয়ার হয়তো কিছু থাকবে না। তারপরও অধমের খুব ইচ্ছে আপনাকে একটা কিছু দেওয়ার”।

তাপস বাবু সুযোগটি কাজে লাগালেন। এটা অত্যন্ত খুশির খবর। হ্যাঁ, আমার কিছু চাওয়ার আছে। দিবেন আশা করি।

“বলেন বাবু, সাধ্যের মধ্যে থাকলে অবশ্যিই দিব”-চেয়ারম্যান বললেন।

আপনি পরিমলের বন্ধকী জমিটি তাকে আবার ফিরিয়ে দিবেন, আপনার পাওনা তো সে ইতিমধ্যে মিটিয়ে দিয়েছে। তার পাওনা-টাও আপনার মিটিয়ে দিন।

চেয়ারম্যান কথাগুলো শুনে থতমত খেয়ে এদিক-ওদিক তাকালেন। কিছুক্ষন অন্যমনস্কভাবে কিছু ভেবে ডাবগুলো নামাতে নামাতে বললেন, "এসব কি বলছেন বাবু, এর বন্ধকী জমি তো আমি এমনিতেই ফিরিয়ে দিতাম। আমি বাবু, কালই আমার নিজের গাড়ি দিয়ে তাকে তার ভিঠেতে উঠিয়ে দিয়ে আসব। কই গেলি রে, পরিমল, "ডাবগুলো ধর"।

আজ রাতে শুভ্র আবার আসল। তার চোখ টকটকে লাল। তাপস বাবু ভয়ে ভয়ে জিজ্ঞেস করলেন, "কি হয়েছে?" সে বলল, "আমার কাকাকে খুজছি, তার উপর অনেক ক্ষোভ"

"কেন? তোমাকে বকেছেন বুঝি?"-তাপস বাবু বললেন।

"হুমম। আপনাকে একটি জিনিস দিতে চাই আমি, নেবেন?"

"কি জিনিস?"

"আছে, আমি নিয়ে আসব একদিন"।

বলেই সে নিমিষে মিলিয়ে গেল।

তার পর আরও কয়েকদিন এসেছিল শুভ্র। অনেক কথা হত। বাড়িতে যাবার জন্য বলে দিল। তাপস বাবুর নিজেরও খুব আগ্রহ একদিন ওর বাড়িতে যাওয়ার। তাপস বাবু ঠিক করে নিলেন, গল্প লেখাটা গুছিয়ে নিলেই যাবেন একদিন। গ্রামটাও এখনও দেখা হয়নি ভাল করে।

৪.

আজ সকাল থেকেই বৃষ্টি হচ্ছে। যেই-সেই বৃষ্টি না, উথাল-পাতাল বৃষ্টি। একবার

দক্ষিন পাশ থেকে ঝাপটা আসছে তো একবার উত্তর দিক থেকে। সাথে পাগলা-টাইপ বাতাস। এমন বৃষ্টি দেখেই বোধহয় কবিগুরু গেয়ে উঠেছিলেন, “পাগলা হাওয়া, বাদল দিনে....”। বড় মাপের কবি-সাহিত্যিকদের সবকিছুতেই আনন্দ যা সাধারনের মধ্যে থাকে না। আর সকল আনন্দই তারা অমর করে রেখে যাওয়ার চেষ্টা করেন তাদের শিল্পের মধ্য দিয়ে। সাধারনরা যা তৈরি করতে না পারলেও উপভোগ করতে পারেন। আর উপভোগের সফল গ্রহনযোগ্যতার মধ্য দিয়েই শিল্পেরসৃষ্টির মুল সার্থকথা। ঘুম থেকে উঠে এখনও বিছানায় শুয়ে আছেন তাপস বাবু। জানালা দিয়ে বৃষ্টির দিকে তাকিয়ে আছেন একমনে। আকাশ ঘন কালো মেঘে ঢাকা। জানালার ধারেই একটা বড় নারকেল গাছ। গাছের পাতাগুলো ঝড়ের ঝাপটায় লেপটে গেছে। গাছের ফাকঁ দিয়ে গ্রামের সরু মেঠো পথটি দেখা যাচ্ছে। শুভ্র বলেছিল এই রাস্তা দিয়েই তাদের বাড়ি যেতে হয়। তাপস বাবু ঠিক করেছিলেন আজ ওর বাড়ি যাবেন একবার। কিন্তু আকাশের এই রৌদ্রমূর্তিতে যাওয়া ঠিক হবে বলে মনে হয় না। পরে তাপস বাবু সিদ্ধান্ত বাতিল করলেন আজকের জন্য।

পরদিন তাপস বাবু অনেক বেলা করে ঘর খেকে বের হলেন। কাল অনেক ঝড়ের পর আজ আকাশ ঝকঝকে। প্রকৃতির শক্তি ক্ষয়ের পর আজ থেকে আবার নতুন করে শক্তি অর্জনের চেষ্টা। মেঠো পথ, কাদাময়। ঝড়ের কারনে পিচ্ছিলও। হাটতে বেজায় কষ্টই হচ্ছে। শুধু শুভ্রর বাড়ি না আজ পুরো গ্রামটাও ঘুরে ঘুরে দেখবেন বলে ভেবে রেখেছেন। শুভ্রর দেওয়া কথামতই এগুতে লাগলেন ধীরে ধীরে তাপস বাবু। একটি যুবককে এই পথ ধরে আসতে দেখে জিজ্ঞেস করলেন পথটি সম্পর্কে।

লোকটি হা করে কিছুক্ষন তাকিয়ে থাকল। তারপর জবাব না দিয়েই চলে গেল।

কি ভেবেছে কে জানে! পরে একজন বয়োবৃদ্ধকে আসতে দেখে আরেকবার জিজ্ঞেস করলেন তাপস বাবু। প্রশ্ন শুনে লোকটির চেহারা পাল্টে গেল অনেকটা। কথা না বলে হাত ইশারা করে দেখিয়ে দিয়ে চুপচাপ আবার তার পথে হাটা শুরু করল। তাপস বাবু সবার এই নীরবতার কোন কারন খুজে পেলেন না।

উটকো আগন্তুক দেখে হয়তো অস্বস্তি লাগছে তাদের কাছে। যতই এগুচ্ছেন ততই জঙ্গলামত জায়গার ভেতর দিয়ে ঢুকছেন। আরও খানিকটা ঢুকার পর চারপাশে আর কোন লোকালয় দেখতে পেলেন না তাপস বাবু। ফলে আর বুঝতে বাকি রইল না যে তিনি পথ হারিয়েছেন।

এমন কাউকে আর পাচ্ছেনও না যাকে অনুরোধ করবেন দেখিয়ে দেওয়ার জন্য। তবুও সামনে এগুতে লাগলেন্ হাটতে হাটতে একসময় অজস্র ঝোপ-ঝাড়ে ঘেরা একটা গহীন অরন্যে চলে এলেন। সামনে প্রচুর লতা-পাতায় ঘেরা একটি বহু পুরনো, পরিত্যক্ত রাজবাড়ির ধ্বংসাবেশ দেখা যাচ্ছে। বাড়িটা কংক্রিটের পাকা। পেছনের কিছু অংশ চালা দিয়ে ঘেরা। ভেতরে কেই থাকে বলে বলে মনে হচ্ছে না। বাড়িটা প্রাসাদতুল্য। পুরাকীর্তির অঢেল ছাপ পাওয়া যাচ্ছে এর প্রতিটা দেওয়ালে। অনেক পরিশ্রমসাধ্য, শৈল্পিক কারুকার্যের নিদর্শন রয়েছে সকল ঘরের দেওয়ালে।

বুঝা যাচ্ছে, এ বাড়ির পূর্বপুরুষেরা রাজকীয় জীবন-যাপন করতেন। বাড়ির চারদিকে কেমন গা ছমছম শুনশান নীরবতা। এলাকাটা আসলেই একেবারেই জনমানবশুন্য। বাড়ির মধ্যঘরটা জলসা ঘরের মত। চারপাশটা দুতলার বারান্দা ঘেরা। বারান্দার রেলিংগুলো বেশিরভাগই ভেংঙ্গে পড়েছে কালের ভারে। জলসা ঘরের বামপাশের দেয়ালজুড়ে বড় একটি পেইন্টিং আকাঁ।

অনেক জায়গার রং শক্ত হয়ে আস্তরের মত ঝুলে আছে। পেইন্টিংয়ের চারপাশটা শ্যাঁওলা ধরে অস্পস্ট হয়ে গিয়েছে বলেই হয়তো এখনও কারো সংগ্রহদৃষ্টি আকর্ষন করতে সক্ষম হচ্ছে না।

ছবিটির উপজিব্য হল দুটি দেবশিশু একটি সূর্যদেবতার দিকে একমনে তাকিয়ে আছে। একটি দেবশিশুর বাম গালে একটি গাঢ় কালো তিল। তার এক হাতে একটি ছোট পাথর। যে পাথরটি সে সূর্যদেবতার হাতে দেওয়ার ভঙ্গি নিয়ে আছে। ছবিটির বেশিরভাগ অংশই খসে পড়েছে।
চারদিকে অজস্র ধুলির আস্তরন আর মাকড়শার জাল দেখে বুজাই যাচ্ছে এদিকটায় কোন জনমানবের আনাগোনা নেই।

জলসা ঘরটা পেরিয়ে পাশের ছোট ঘরটায় উকি দিতেই গা শিরশিরিয়ে উঠল তাপস বাবুর। একটা বড় হলুদ ধোরা সাপ তার থলথলে গা পেঁচিয়ে শুয়ে আছে ঘরের স্যাঁতস্যাঁতে একটা কোনায়। তাপস বাবু ভয়ে লাফিয়ে ঘরটি থেকে বের হলেন। ঘর থেকে বের হয়ে কিছুদুর এগুতেই একটি কালীমূর্তির ঘর দেখতে পেলেন। তার ধারটাতেই একটি পরিত্যক্ত বড় গহীন কুয়ো।

কুয়োর কাছে গিয়ে নিচ দিয়ে তাকানোর চেষ্টা করলেন তাপস বাবু। পানি অনেক গভীরে। ভেতরে সুর্য়ের আলোও ঢুকছে না ঠিকমতো। কুয়োর কংক্রিটের অংশগুলো ঝোপ-ঝাড়ে ঠেসা। কুয়ো থেকে পেছ ফিরে তাকাতেই তাপস বাবু হঠাৎ দেখলেন একটি বৃদ্ধলোক তার দিকে শ্যোন দৃষ্টিতে তাকিয়ে আছে। আচমকা দেখে তাপস বাবুর হৃদপিন্ড কেঁপে উঠল। লোকটির চোখ-মুখ কঠিন, গায়ে ময়লা কাপড়, হাতে একটি পুটলি।

কথা বলে বুঝা গেল লোকটি এই পরিত্যক্ত বাড়ির কেয়ারটেকার। কঠিন দৃষ্টি নিয়ে তাপস বাবুকে জিজ্ঞেস করল, “এখানে কি জন্য এসেছেন?”

প্রশ্নের উত্তরের অপেক্ষা না করে লোকটি ইশারা করে তার সাথে হাটতে বলল। পরে সে পথ দেখিয়ে আবার তাপস বাবুকে জলসা ঘরটায় নিয়ে গেল।

“আপনি কি পুরাতত্ত্ববিদ টাইপের কেউ?”-লোকটি জিজ্ঞেস করল।
“না। টুকটাক লেখালেখি করি। এখানে গ্রাম দেখতে দেখতেই ঢুকে পড়েছি”।

লোকটি তাচ্ছিল্যের স্বরে বলল- “আর অমনি অভিশপ্ত বাড়ি চষে বেড়াতে লাগলেন?”
রহস্য আছে বুঝতে পেরে তাপস বাবু মনোযোগী শ্রোতা হয়ে কেয়ারটেকারকে খুলে বলার জন্য পরোক্ষভাবে উৎসাহ দিয়ে যেতে লাগলেন।

“খেজুরের রস খাবেন?:-লোকটি জানতে চাইল।
“এখানে খেজুরের রস পাওয়া যায়?”-তাপস বাবু জিজ্ঞেস করলেন।

“আমি থাকি এখান থেকে দশ ক্রোশ দুরে একটি কুঠিঘরে। মাঝে মাঝে এখানে এসে বাড়িটা একটু দেখে যাই। হাটার ক্লান্তি দুর করার জন্য খেজুরের রস সাথে করে নিয়ে আসি সবসময়। খেজুরের রস ক্লান্তি দুর করার জন্য ভাল মহৌষোধ।

আজ আসার কথা ছিল না। কিন্তু পথে একজন আপনি এদিকটায় আসছেন বলায় আমি আসতে বাধ্য হলাম এখানে। আমার আসল নাম রতীকান্ত। আমার দাদা এ বাড়ির কেয়ারটেকার ছিলেন। বংশপরম্পরায় এখন আমিও"।

৫.

রতনীকান্ত একটি থলে থেকে গ্লাসভর্তি খেজুরের রস নিয়ে তাপস বাবুর দিকে এগিয়ে দিল। তাপস বাবু সেটা হাতে নিয়ে বললেন, "বাড়িটা অভিশপ্ত হওয়ার ঘটনাটা একটু খুলে বলবে?"

রতনীকান্ত গলা খাকাড়ি দিয়ে বলা শুরু করল। "আজ থেকে প্রায় দেড়শ বছর আগে এই বাড়িটা ছিল এলাকার প্রভাবশালী রায় পরিবারের। নাম রায়বাড়ি। তথাকথিত রাজা না হলেও এই এলাকার শাসনভার তাদের দ্বারাই নিয়ন্ত্রিত হত। প্রচুর প্রভাব-প্রতিপত্তি ছিল তাদের। কথা বলার ফাকেঁ স্যাঁতস্যাঁতে মেঝের দিকে তাকাতেই দেখি হলুদ ধোরা সাপটা পাশের ঘর থেকে বের হয়ে কিলবিল করে আমাদের দিকে এগিয়ে আসছে ধীরে ধীরে। তখন রতীকান্ত হাত দিয়ে বিশেষ কায়দায় ইশারা করতেই সাপটা উল্টাদিকে গলে বেরিয়ে গেল। বুঝা গেল সাপটাকে পোষ মানিয়ে ফেলা হয়েছে।

রতনীকান্ত আবার বলতে লাগল, তারা ছিল দুই ভাই, প্রতাপ রায় আর প্রদীপ রায়। দুই ভাইয়ের মধ্যে সবসময় বিরোধ লেগেই থাকত। বয়োজৌষ্টতার হিসেবে প্রতাপ রায়ের উপর এলাকার শাসনভার বর্তায়। যা স্বার্থলোভী ছোটভাই প্রদীপ রায় কখনই মেনে নিতে পারেনি। সে অযোচিতভাবে ক্ষমতার মসনদে আরোহন করতে চেয়েছিল সবসময়। একসময় রায়বাড়ির ঘর আলো করে আসল প্রতাপ

রায়ের প্রথম পুত্রসন্তান সৌরভ রায়। রায় পরিবারে আনন্দের বন্যা বয়ে যেতে লাগল তখন। তার দু'বছর পর এলাকায় কোন এক কারনে ভয়াবহ মহামারী দেখা দিল। ঘরে ঘরে অজানা এক রোগে মানুষ মারা যেতে লাগল। বাতাসের বেগে ছড়িয়ে যেতে লাগল এই মহামারী রোগটি। এক সাধুবাবা ওই বিশেষ সময়কে অভিশপ্ত হিসেবে ছড়াতে লাগলেন তখন। কিছুদিনের মধ্যে প্রতাপের প্রথম স্ত্রী আবারও সন্তানসম্ভবা।

একদিন রাতে প্রতাপ রায় স্বপ্নে দেখলেন যে একটি কুয়ো কেটে কিছুক্ষনের জন্য তার আগত নবজাতককে কুয়োর নিচে শুয়ে রাখলে গ্রামের বর্তমান অভিশাপটি কেটে যাবে।

গ্রামের স্বার্থের কথা বিবেচনা করে স্ত্রীর অনেক আহাজারী উপেক্ষা করলেন প্রতাপ রায়। ফুটফুটে নবজাতক হওয়ার পরের দিনই কুয়ো কাটা হল কালীমন্দিরের ঝোপের পাশে। কুয়ো কাটার পর কোন এক রহস্যজনক কারনে পানি উঠছিল না কুয়োতে। তারপর নিষ্পাপ নবজাতককে নামানোর কিছুক্ষন পরই প্রবল বেগে পানি এসে উপছে পড়ল কুয়োটি। কুয়োর পানি এতই প্রচন্ড বেগে ধেয়ে আসতেছিল যে কোনভাবেই শিশুটিকে আর বাঁচানো গেল না। পরে শিশুটির নিথর দেহটি পানিতে ভেসে উঠল কুয়োর উপর।

পরে স্বপ্নের আশিষটাই সত্যি হতে লাগল গ্রামে। গ্রামের মহামারীটি কালিমার কৃপায় দুর হতে লাগল ধীরে ধীরে। আর নতুন কোন মরার খবর আসল না। আবার ঘরে ঘরে মানুষ সুখে দিন কাটাতে লাগল। শুধু রায় পরিবারে রয়ে গেল তাদের সন্তান হারানোর অসহ্য যাতনা আর শুন্যতার দীর্ঘশ্বাস।

গ্রামের স্বার্থের কথা বিবেচনা করে প্রতাপ রায়ের সন্তানবিসর্জন গ্রামের মানুষদের কাছে প্রতাপ রায়ের গ্রহনযোগ্যতা আরো বাড়িয়ে দিল। কিন্তু সেই বাড়তি গ্রহনযোগ্যতা ছোট ভাই প্রদীপ রায়ের কাছে প্রবল ঈর্ষার কারন হয়ে দাড়াল। প্রদীপ রায় তখন ছলে বলে তার অবৈধ জিঘাংসা হাসিলের জন্য উঠে পড়ে লাগল। সে সুযোগ খুজতে লাগল যে কোন উপায়ে বড় ভাইকে ক্ষমতার সমনদ থেকে নামিয়ে দেওয়ার। দু:খজনকভাবে সুযোগও আসতে লাগল ধীরে ধীরে।

একদিন প্রতাপের স্ত্রী কুয়োর ধারে বসে সৌরভকে স্নান করাচ্ছিলেন। ওত পেতে থাকা প্রদীপ বড় একটা শক্ত ঢিল ছুড়ে মারল প্রতাপের স্ত্রীর মাথার উপর। প্রচন্ড রক্তক্ষরন হতে লাগল সাথে সাথে। প্রদীপ কালক্ষেপন না করে প্রতাপের স্ত্রীর নিস্তেজ দেহটি কুয়োতে ফেলে দিয়ে রটালো কুয়োতে পরে মারা গিয়েছে প্রতাপের বৌ। সাত বছরের সৌরভ ফ্যালফ্যাল তাকিয়ে দেখল সব।

তারপর থেকে সৌরভের দেখাশোনার ভার বৃদ্ধ কেয়াটেকার মতিবাবুই নিল। সফল হয়ে প্রদীপ একই উপায়ে প্রতাপকে হত্যা করার পরিকল্পনা করতে লাগল তারপর। আর এদিকে বৌ-সন্তানকে হারিয়ে পাগলের মত হয়ে গিয়েছিল প্রতাপ রায়। অপ্রকৃতস্তের মত প্রলাপ বকত সবসময়। সেই অসহায় সানুষকেও বাচঁতে দিল না ছোটভাই নরলোভী প্রদীপ।

একদিন সুযোগ বুঝে কুয়োয় ধারে কর্মরত প্রতাপকে পেছনদিক থেকে ঢিল মেরে কুযোতে ফেলে দিল প্রদীপ। আর মুহুর্তেই সে পেয়ে গেল রায় বংশের সব ক্ষমতা। সেই ক্ষমতা পেয়েও সে থেমে ছিল না। রায় বংশের ভবিষ্যৎ মসনদ দাবীদার প্রতাপের বড় ছেলে সৌরভকেও মেরে ফেলার জন্য উঠেপড়ে লাগল

প্রদীপ রায়। পরিস্থিতি আন্দাজ করতে পেরে সৌরভের কেয়ারটেকার মতিবাবু সৌরভকে নিয়ে পালিয়ে গেল গ্রামের পাশের একটি নির্জন অরন্যে।

সেখানে তিল তিল করে সৌরভকে বড় করতে লাগল মতিবাবু। কিন্তু সেই গহীন অরণ্যেও সৌবল রেহাই পেল না হিংস্র প্রদীপের দুষ্ট নখর থেকে। বছর কয়েক পর প্রদীপ ঠিকই খুজে বের করে নিল সৌরভকে। তাকেও নৃশংসভাবে হত্যা করে কুয়োর পানিতে ফেলে দিল সে।

তারপর কয়েকবছর প্রদীপ রায় গ্রামের নিরীহ মানুষদের উপর শাসনের নামে নীপিড়ন, অমানুষিক অত্যাচার চালাতে লাগল। এভাবেই এক সময় রায়বাড়ি অভিশপ্ত বাড়ি হয়ে উঠল সবার কাছে। একসময় গ্রামের মানুষ ধৈর্য্যহারা হয়ে ক্ষেপে উঠল।

এক হয়ে লড়াই করে গ্রামছাড়া করল রায় পরিবারের সবাইকে। তারপরে আমার দাদা বৃদ্ধ কেয়ারটেকার মতিবাবুকে বাড়ির দেখাশোনার দায়িত্ব দিল তারা। এভাবেই সমাপ্তি হল এই রায় বাড়ির ঘৃন্য ইতিহাস একসময়। লোকটি থামলে হতভম্বের মত কিছুক্ষন তাকিয়ে থাকলেন তাপস বাবু এই পুরো বাড়িটির দিকে। এই বাড়িতেই দেড়শ বছর আগে এতগুলো খুন হয়ে গেল। তিনি কোনভাবেই বিশ্বাস করতে পারছেন না। ভাবতেই গায়ের লোম খাড়া হয়ে যাচ্ছিল তাপস বাবুর।

খেজুরের রসে শেষ চুমুক দিয়ে তাপস বাবু রতীকান্তকে জিজ্ঞেস করলেন্, "শুভ্রদের বাড়িটা কোনদিকে? সে একটু যেতে চায় তার বাড়ি"।

“কোন শুভ্র? শুভ্র রায়?” পাল্টা প্রশ্ন করল রতীকান্ত।

তাপস বাবু বললেন, “হুমম”।

রতীকান্ত বলল, “সেইতো সৌরভ রায়, প্রতাপ রায়ের বড় ছেলে যাকে প্রদীপ রায় সবার শেষে নৃশংসভাবে হত্যা করল। গায়ের রং ধবধবে ফর্সা ছিল বলে দাদীমা “শুভ্র” নাম রেখেছিল।”

হয়তো প্রশ্ন ঠিকমতো বুঝতে পারে নাই ভেবে তাপস বাবু আবার কিছু বলতে যাচ্ছিলেন, এমন সময় রতীকান্ত বলতে লাগল, “ছেলেটার বাম গালে ছিল একটি আকাঁবাকাঁ কাটা দাগ। ছোটবেলা বড় একটা ধার কাঠের মূর্তিতে উপর পড়ে গিয়ে কেটে গিয়েছিল এর কচি গাল। এই কাটা দাগে অনিন্দ্যসুন্দর সৌরভকে আরও সুন্দর লাগত বলে সবাই বলাবলি করত। মারা যাওয়ার আগমুহূর্ত পর্যন্ত সে সবসময় একটি মাঝারি কালো পাথর নিয়ে ঘুরে বেড়াত। একমাত্র সেই তার পিতামাতার হত্যার নীরব সাক্ষী ছিল। তাদের দুজনকেই পাথরের ঢিল ছুড়ে মারা হয়েছিল। তাই হয়তো সে পাথর সাথে রাখত প্রতিশোধ নেওয়ার জন্য।”

মুহুর্তে তাপস বাবুর গা কাপঁতে লাগল। এত বড় বিস্ময়সাগরে বোধ হয় আর পরেননি কখনও তাপস বাবু। তাহলে কি শুভ্র......? গলার স্বর আটকে যেতে লাগল তাপস বাবুর। কেয়ারটেকার আরও কি কি বলছিল, কিছুই আর কানে ঢুকছে না তাপস বাবুর। একটি অদ্ভুত ঘোরের মধ্যে ছিলেন তিনি। সন্ধ্যা ঘনিয়ে আসছিল তখন। রতীকান্ত নিজেই বাড়ি ফেরার জন্য অস্থির হয়ে উঠছিল। ফেরার আগে অভিশপ্ত বাড়িটির দিকে আবার তাকিয়ে থাকলেন কিছুক্ষন।

অন্যমনস্ক হয়ে গেলেন কিছুক্ষনের জন্য। বাড়ির পেছনদিকটার ঘরে কালো ধোরাটিকে কিলবিলিয়ে আবার বাড়ির ভেতরে প্রবেশ করতে দেখলেন। রতীকান্ত পরে এই সন্ধ্যায় নিজে তাপস বাবুকে বাড়ি পৌছে দিলেন আর যাবার সময় একবার তার বাড়িতে পদধুলি দেওয়ার জন্য নেমন্তনও দিয়ে গেলেন।

তাপস বাবু বাসায় এসেও একটা ঘোরের মধ্যে থাকলেন। মাথায় শুধূ শুভ্রর বলা কথাগুলো একে একে ঘোরপাক খাচ্ছে। আজ পূর্ণিমা।

আজ শুভ্রর আসার কথা। তিনি টেবিলের ধারে অধীর আগ্রহে অপেক্ষা করতে লাগলেন শুভ্রর জন্য। জানালা দিয়ে প্রবল বাতাস আসছে। শ্রাবন মাস। বৃষ্টি-বাদলের মাস। তবু এবার ঝড়-ঝাপ্টা একটু বেশিই অনুভুত মনে হচ্ছে। বাতাসের প্রবল ঝাপটায় জানালার ডালা বার বার ধাক্কা খাচ্ছে পাশের দেয়ালটিতে। শুভ্র আসতে পারে ভেবে জানালাও বন্ধ করছেন না তাপস বাবু। তাপস বাবুর মনে পড়ল শুভ্র আজ তার জন্য একটি উপহার নিয়ে আসবে বলেছিল। আকাশের দিকে তাকিয়ে দেখলেন বড় থালার মত বড় চাদঁ উঠেছে আজ।

চাদেঁর ম্লান আলোয় চারিদিকে কেমন গা ছমছম করা ভুতুরে পরিবেশ। অনেক রাত হয়ে গেল। না, শুভ্র আসেনি। মনে পড়ল শুভ্রর একটি কথা: “আমি কারো অতি আগ্রহে দেখা দেই না”। তাহলে কি সে আর আসবে না আর। এইরকম চিন্তা করতে করতেই তাপস বাবু একসময় গভীর ঘুমের রাজ্যে তলিয়ে গেলেন।

ঘুম ভাঙ্গল পরিমলের প্রবল দরজা ধাক্কানিতে। বিছানা থেকে উঠে দরজা খুলে দিলেন তাপস বাবু। দরজা খুলামাত্রই পরিমল তাপস বাবুর পায়ে লুটিয়ে পড়ল। বাবু, আপনি আমার বড় উপকার করলেন, বাবু। চেয়ারম্যান সাব কাল সন্ধেবেলা

আমাকে ডেকে নিয়ে আমার বন্ধকী বাড়িটি ফিরিয়ে দিয়েছেন গো, বাবু। আপনি আমার বড় উপকার করলেন গো, বাবু।

অনেক কষ্টে বিগলিত তাপস বাবু পরিমলের হাতখানা ছাড়িয়ে আনলেন নিজের পা-যুগল থেকে। সকালের প্রাত্যাহিক কাজ সেরে জানালার ধারে টেবিলের দিকে তাকাতেই তাপস বাবুর গা মোচর দিয়ে উঠল। গায়ের রক্ত হিম হয়ে গেল।

টেবিলের উপর একটি মাঝারি কালো পাথর রাখা। তাহলে কি কাল গভীর রাতে এসেছিল শুভ্র। এটাই কি তার সেই উপহার? এটাই কি সে মারা যাওয়ার আগ মুহূর্ত পর্যন্ত সাথে নিয়ে ঘুরে বেড়াত তার পিতা-মাতার হত্যার প্রতিশোধ নেওয়ার জন্য। তাপস বাবুর মাথা ঝিমঝিম করতে লাগল। তাহলে কি শুভ্র তার অতৃপ্ত প্রতিশোধের ভার তার উপর দিতে চাচ্ছে নিজে ব্যর্থ হয়ে? তার অতৃপ্ত আত্মা কি তার নিজস্ব প্রতিশোধের জ্বালা আরেকজনের মধ্য দিয়ে প্রবাহিত করার চেষ্টা করছে? যাতে করে সেই প্রতিশোধের জ্বালা জিইয়ে রাখা যায় যুগ থেকে যুগান্তরে। কিন্তু, এ কি করে সম্ভব? কিছুই চিন্তা করতে পারছেন না তাপস বাবু। সবকিছু খুব এলোমেলো লাগছে তাপস বাবুর কাছে। কিছুই গুছিয়ে ভাবতে পারছেন না তাপস বাবু।

তারপর অনেক রাত অবধি জেগে থাকলেন শুভ্রর অপেক্ষায়। কিন্তু আর কোনদিন আসেনি শুভ্র। হয়তো আর কখনও আসবেও না।

ফিরে যাবার সময় চলে এসেছে তাপস বাবুর। আজই চলে যাবেন। পরিমল অনেক পিঠাপুলি ভরা একটি থলে ধরিয়ে দিলেন তাপস বাবুর হাতে। সেগুলো নিয়েই বের হলেন তাপস বাবু। যাবার আগে কুয়োতে শুভ্রর দেওয়া পাথরটি ফেলে দিয়ে গেলেন। এবং কুয়োর গভীর টলটলে পানির দিকে আনমনে তাকিয়ে

থাকলেন অনেকক্ষন। মনে মনে বললেন, শুভ্র, ক্ষমা কর, পারলাম না তোমার অতৃপ্ত আত্মাকে তৃপ্ত করতে, আমি অপারগ। সেটা যে আমার ক্ষমতার বাইরে। আসার আগে শেষবারের মত আবারও তাকিয়ে দেখলেন বাড়িটা কিছুক্ষনের জন্য। এখনও কি সুন্দর ঠাঁয় দাড়িয়ে আছে পরিত্যক্ত অভিশপ্ত এই বাড়িটা। হয়তো বয়সের চাপাকলে আরও কয়েক বছর পর সবই নিশ্চিহ্ন হয়ে যাবে। কোন অবশিষ্টই হয়তো থাকবে না। শুধূ পড়ে থাকবে কুয়োর টলটলে পানির মধ্যে মিশানো একটি অতৃপ্ত আত্মার অতৃপ্ত প্রতিশোধের প্রবল তৃষ্ণা।

পরিশিষ্ট: এর একবছর পর তাপস বাবু শুভ্রকে নিয়ে একটি উপন্যাস লিখলেন।

নাম দিলেন: “প্রতিশোধের পাথর”।

তাপস বাবু জানতেন, শুভ্রর চাপিয়ে দেওয়া দয়িত্ববার বহন করার ক্ষমতা হয়তো তার নাই। তাই নিজেকে অপরাধীও ভাবতে লাগছিলেন তাপস বাবু।

কিন্তু এটাও জানতেন শুভ্র তার অতৃপ্ত প্রতিশোধকে ছড়িয়ে দিতে চেয়েছিল সামর্থ্যবানদের উপর। তাপস বাবু সামর্থ্যহীন হয়ে নিজে ব্যর্থ হলেও গল্পের মাধ্যমে অন্যদের মাঝে ছড়িয়ে দেওয়ার ক্ষীন চেষ্টাতো করলেন। এতেও যদি কিছুটা তৃপ্তি পাওয়া যায় একটি অতৃপ্ত আত্মার অর্পিত দায়িত্ব পালনের।

(শেষ)

রিপন দে

মুক্তিযুদ্ধের ছোটগল্প: রক্তস্নাত চিতই পিঠা

(**উৎসর্গ**: ৭১ এর সকল মুক্তিযোদ্ধাদের মায়েদের যারা সূর্যসন্তান জন্ম দিয়েছেন)

দুপুর বেলার ফিকে রোদ। আকাশ জুড়ে ঘন কালো মেঘ। মেঘের ফাকেঁ এক চিলতে অচেনা সূর্য যেন আবছায়া কালো পর্দা সরিয়ে রহস্যময় চোখে পৃথিবীর উপহাস দেখছে। ক্ষনে ক্ষনে মেঘের গুড়ঁ গুড়ঁ শব্দ। দুরের কোন এক বুনো গাছ থেকে একটি ঘুঘু পাখির ডাক শুনা যাচ্ছে। ঘুঘুর ডাকটি অচেনা ভয়ধরানো আর্তচিৎকারের মত মনে হচ্ছে নরেনের মায়ের কাছে। সব ভালোলাগার উপাদানগুলোই এখন বিষাদের পিচ্ছিল ছায়ায় ঢেকে যায় তার কাছে। যুদ্ধের দামামায় পুরুষশূন্য এই গ্রামে নরকের ক্লিষ্টতা ভোগ করছে এখন সে প্রতিটা মুহূর্ত।

নরেনের বাপ চার মাস আগেই উত্তরপাড়ার কমান্ডো মুক্তিবাহিনীর সাথে যুদ্ধে গেছে। ক'সপ্তাহ আগে একমাত্র ছেলেটাও মাকে লুকিয়ে বন্ধুদের সাথে চলে গিয়েছে মুক্তিযুদ্ধে। পরে গবীনবাবুর ছেলে নাগেশকে দিয়ে তার যাওয়ার খবর পাঠিয়েছে নরেন। যে ছেলে রাতের বেলা শেয়ালের করুন সুর শুনলে ভয়ে কুকড়েঁ উঠত সেও তার বুকটি ফাকাঁ করে মুক্তিযুদ্ধে চলে গিয়েছে। প্রবল ইচ্ছা শক্তির কাছে সকল ভয় পরাজিত হয়। নরেনের মায়ের চোখ ভিজে আসে। চারপাশ ঝাপসা দেখে সে। মাথা ঝিমঝিম করে। ছেলেটি যাবার কিছুদিন আগে টিউশানির জমানো টাকা থেকে একটি টকটকে লাল শাড়ি কিনে দিয়েছিল তাকে। নরেনের মা এখন এই শাড়িই পড়ে থাকেন সারাক্ষন। ছেলে যখন বাড়ি ফিরবে তখন তার

দাগ লাগানো শাড়ি দেখে মন খারাপ করতে পারে ভেবে সে খুব যত্ন করে ব্যবহার করে এই শাড়ি।

একটা খুব ভাল কাজ করেছে নরেনের মা। লালপাড়ার মাষ্টারমশাইয়ের কথামতো তার সদ্য বেড়ে উঠা মেয়েটিকে মধুবাবুর পরিবারের সাথে বর্ডারের দিকে পাঠিয়ে দিয়েছে। যার জন্য এখন চিন্তামুক্ত থাকতে পারছে। মেয়েটি এখন কেমন আছে কে জানে? ঘরে শুধু সে আর বুড়িমা। বুড়ি কানে প্রায় শুনেই না, চোখেও আবছা দেখে এখন। সবসময় লাঠি ভর দিতে হাটতে হয় তাকে।

বুড়ি স্বরভগ্ন গলায় চেচাঁতে লাগল, “কই গো নরেনের মা, আইজ পিঠা খামু, চিতই পিঠা বানা, বড্ড খেতে ইচ্ছে করতাছে চিতই পিঠা, অনেকদিন খাইনা।”

নরেনের মা জানে, বুড়ির খুব প্রিয় খাবার এই চিতই পিঠা। নরেনের বাপ বাড়িতে থাকতে প্রায়ই চিতই পিঠা বানাতে বলত তাকে। নিজে খেত না, মাকে খাওয়ানোর জন্য বানাতে বলত।

বুড়ি সকাল থেকেই যেভাবে চেচাঁনো আরম্ভ করেছে তাতে আজ আর নিস্তার নেই। নরেনের মা চুলা বসাতে লাগল। ঘরের চালে অনেকক্ষন থেকে একটি কালো শকুন ঘাপটি মেরে বসে আছে। কয়েকবার তাড়ানোর চেষ্টা করেও পারেনি নরেনের মা। যুদ্ধে মৃত লাশের গন্ধে সব শকুনেরা মানুষপাড়ায় ভীড় জমিয়েছে বোধ হয়, ফেলনা উচ্ছিষ্ট খাবারের লোভে। মিলিটারীর ভয়ে বাজারেও যেতে পারছে না কয়েকদিন ধরে নরেনের মা। ঘরের খাবারও প্রায় শেষ হওয়ার পথে সব।

বুড়ি চেঁচাতে চেঁচাতে ক্লান্ত হয়ে বারান্দায় বিছানো পাটিতে খালি পেটেই শুয়ে পড়েছে কখন কে জানে! নরেনের মা পিঠা বানানো শেষ করে নিয়ে এসেছে প্রায়। হঠাৎ শক্ত বুটের শব্দে তার বুকটা কেঁপে উঠতে লাগল।

"চাচী কি বাড়ি আছ? চাচী"

নরেনের মা তাকিয়ে দেখল মাওলানা বাড়ির ছেলে ছালিক মোল্লা, সাথে কয়েকজন মিলিটারি। ছালিক মোল্লা নরেনের ছোটবেলার খেলার সাথী। একবার বর্ষাকালে খেলতে গিয়ে পা ভেঙ্গে ফেলায় নরেন তাকে কোলে করে নিয়ে আনার পর সে কলমী গাছের পাতা দিয়ে রস বানিয়ে পায়ের কাটাক্ষতে লাগিয়ে দিয়েছিল। সেই কাটা দাগটি এখনও দেখতে পাচ্ছে নরেনের মা।

"নরেন কোথায়, চাচী?"
"জানিনা বাবা, কি দরকার তাকে?"
"না, কিছু কাজ ছিল, সে শুনলাম নবীনদের কমিটিতে নাম লিখিয়েছে? শিউলি কোথায়, ঘরে?"

"জানিনা, বাবা। – শিউলি তো কয়েকদিন হল ওর দাদারবাড়ি গেল।"

তখন মিলিটারির কমান্ডার ভাঙ্গা বাংলায় কর্কশ গলায় বলল, "আপকা ছাওয়ালকে জিন্দা পেতে চাইলে বলে দে, ও কোথায়?" ছালিকও গলা মিলিয়ে বলল, "চাচী বলে দাও, সে কোথায় এখন? বলে দিলে ওরা কিছু করবে না"

নরেনের মা গম্ভীর হয়ে থাকল কিছুক্ষন। তার শিরদাঁড়া দিয়ে বেয়ে নামা ভয়ের শীতল স্রোতটি এখন তীব্র ক্রোধের অগ্নিশিখায় রুপান্তরিত হয়েছে। সে ছালিকের চোখের দিকে অগ্নিঝরা দৃষ্টিতে তাকিয়ে থাকল কিছুক্ষন। তীব্র ঘৃনায় জমা একদলা

থুথু সজোরে ছুড়ে ফেলল সে ছালিকের মুখের দিকে লক্ষ্য করে। নরেনের মায়ের গা থরথর করে কাপঁতে লাগল তখন ক্রোধের আগুনে। ছালিক মোল্লা হাত দিয়ে থুথু মুছে রক্তিম চোখে কমান্ডারকে কিছু ইশারা করল। কমান্ডার তখন মধ্যবয়স্কা নরেনের মাকে টেনে হিচঁড়ে ঘরে নিয়ে দরজার ছিটকিনি লাগিয়ে দিল। ভেতর থেকে নরেনের মায়ের আর্তচিৎকার আর কমান্ডারের শিৎকার একাকার হয়ে গেল। ছেলের দেয়া শাড়িটা টেনে হিচড়ে ছিড়ে ফেলা হল। দুরের কোন এক গাছ থেকে ভেসে আসা আবারও একটি ঘুঘু পাখির আর্তচিৎকার শুনা গেল। কোন এক অগ্যাত কারনে অচেনা সুরে একনাগাড়ে ডেকে যাচ্ছে পাখিটি।

ভেতর থেকে নরেনের মায়ের চিৎকার শুনে বুড়ির ঘুম ভাঙ্গল। বুড়িমা হাতড়িয়ে হাতড়িয়ে চশমাটি পড়ে হাতের লাটিটি খুঁজতে লাগল।
"ও, নরেনের মা, নরেনের মা, পিঠা হয়েছে নাকি গো? দাও দেখিনি, খিদা লেগেছে জব্বর।"

নরেনের মায়ের কোন সাড়া শব্দ না পেয়ে বুড়িমা খুড়িয়ে খুড়িয়ে নিজেই চুলার দিকে যেতে লাগল। পরে নিজেই চুলার উনুনে রাখা পিঠাগুলো ছোট থালায় তুলে নিল। হঠাৎ ঘরের ভেতর থেকে গুলির শব্দে এক ঝাঁক কাক আকাশের পানে উড়ে গেল।

শব্দ শুনে চারিদিকে তাকাতে গিয়ে ছালিককে চোখে পড়ল বুড়িমার।

"কে? ছালিক বাছা, বল দেখিনি কিসের শব্দ হল ক্ষন?"
"না, বুড়িমা, ও কিছু না, শান্তিবাবুর ঘরের চালে ডাব পড়েছে মনে হয়"
"ও, নে বাবা, কয়েকটা পিঠা মুখে দে। অনেকদিন পর আইলি তুই।"

বুড়ি খুড়িয়ে খুড়িয়ে হেটে গিয়ে একটি ভাঙ্গা চেয়ার নিয়ে আসল ছালিককে বসানোর জন্য। এমন সময় ঘর্মাক্ত কমান্ডার ঘরের দরজা খুলে শার্টের বোতাম লাগাতে লাগাতে বের হতে লাগল। বুড়ি তখন মিলিটারিকে দেখার পর ঘটনা কিছুটা আঁচ করতে পেরে তীব্র স্বরে চেঁচিয়ে উঠল। পরক্ষনে দূর্বল হাতের নরম লাটিটি দিয়ে মিলিটারিকে মারতে উদ্যত হল বুড়ি। তখন কমান্ডার একজন মিলিটারির কাছ থেকে একটি বন্দুক নিয়ে ছালিকের হাতে দিয়ে কিছু ইশারা করে ছালিককে বলল, "আপকা প্রশিক্ষন জরুরত হেয়।"

ছালিক মোল্লা তখন ইশারাটা আন্দাজ করতে পেরে বন্দুকটি হতের মুঠিতে শক্ত করে ধরে রাখল কিছুক্ষন। বুড়ি যখন কমান্ডারের গায়ে লাটিটি দিয়ে অনবরত আঘাত করতে শুরু করল, ছালিক মোল্লা তখন হাতের বন্দুকটির বেয়নেট দিয়ে বুড়িমার পিঠে সজোরে প্রবেশ করিয়ে দিল। ফিনকি দিয়ে রক্ত বেরিয়ে পড়তে লাগল বুড়ির কোচকানো অশীতিপর পিঠ থেকে। বুড়ির দেহ কমান্ডারের পায়ের কাছে লুটিয়ে পড়ল। ধাক্কা লেগে ভাঙ্গা চেয়ারের উপরে থাকা পিঠার থালাটি উপচে পড়ল বুড়িমার মুখের উপর। বুড়িমার রক্তস্নাত দেহের উপর পড়ে থাকল কয়েকটি সাদা চিতই পিঠার টুকরো। ধীরে ধীরে বুড়ির দেহ নিস্তেজ হয়ে পড়ল। আকাশ তখন কালো মেঘে ছেয়ে গেছে। অন্ধকার হয়ে এসেছে চারিদিক প্রায়। আচমকা ঝুম বৃষ্টি আসল। গোধুলির ম্লান আলোয় চকচক করছে বুষ্টির ফোটা। আকাশ যেন তার তার তীব্র ক্রোধের বহ্নিচ্ছটা বৃষ্টির পানির মধ্য দিয়ে উগড়ে ফেলছে। বৃষ্টির করুনধারার জলে রক্তস্নাত মাটি যেন আকাশের দিকে টকটকে লালচে চোখ দিয়ে প্রবল আক্রোশ নিয়ে একদৃষ্টিতে তাকিয়ে আছে।

ঘরের চালে অনেকক্ষন ঘাপটি মেরে লুকিয়ে থাকা কালো শকুনটি সুযোগ পেয়ে ছোঁ মেরে রক্তলাল একটি চিতই নিয়ে উড়ে চলে গেল আকাশের দুর সীমানায়।

পিছনে পড়ে থাকল শুধু কিছু নীরেট হাহাকার ও রক্তস্নাত বেদনা।

রম্যঃ করোনা-ভাইরাস এর জরুরি মিটিং

(Disclaimer: Please don't take it seriously)

বাংলাদেশের করোনা-ভাইরাসগুলো জরুরি মিটিংএ বসেছে। পরিস্থিতি খুব একটা সুবিধার না। চীনের উহানের হেড অফিস থেকে হেড কমান্ডার ভাইরাসও জরুরি তলব পেয়ে বাংলাদেশে উপস্থিত।

সব ভাইরাসগুলোর চোখেমুখে আতঙ্কের ছাপ। সবাই একে ওপেরের দিকে আড়চোখে তাকাচ্ছে। সবাই শুনশান নীরব।

নীরবতা ভঙ্গ করে গলা খাঁকারি দিয়ে হেড-কমান্ডার ভাইরাস বলে উঠল, "তোমাদের কে যে মিশন দিয়ে এখানে পাঠিয়েছি সেটার আপডেট কি? কোনও ভাল খবর তো শুনতে পাচ্ছি না!"

এমন প্রশ্ন শুনে সবাই নিচের দিকে কাচু-মুচু করে তাকিয়ে আছে। এমন কথা তো তাদেরকে অন্যকোন দেশের জেনারেল মিটিংএ শুনতে হয়নি। তখন কান্ট্রি-চিফ ভাইরাস আমতা আমতা ভাব নিয়ে বলে উঠল, আমাদের পুরা সৈনিক বাহিনী (কমব্যাট টিম) heart and soul চেষ্টা করে যাচ্ছে জনাব, কিন্তু এই 'জটিল' দেশে আমরা কোনওভাবেই সুবিধে করে উঠে পারছি না। এই দেশের হাবভাব-ই বুঝে উঠতে পারছি না, জনাব।

আমরা ডাইরেকট-অ্যাকশান এ যাওয়ার পরেও এই জাতির কোনোই বিকার নাই।

নইলে আমরা দশম-মাত্রার অ্যাটাক করার পরেও ওরা শ্বশুরবাড়ি, মামারবাড়ি গিয়ে জলপাই এর আচার খাওয়ার সাহস পায় কিভাবে, হেভি মেকাপ-গেটাপ নিয়ে বন্ধুর বিয়ে খাইতে যায় কিভাবে? ফেইসবুক-এ ধুমাইয়া আমাগো ছবি মোডিফাই করে নিজেগো সেলফি আপ্লড দেয় কিভাবে? সবকিছুকেই কীভাবে যেন এই কিউট বাঙালিরা উৎসবের আয়োজন দিয়া ভরাইয়া ফেলতাছে। এই দুর্যোগেও এখানে ভালোবাসার ছড়াছড়ি দেখা যাচ্ছে, করোনার পেসেন্ট/সাসপেক্টের এর সাথে গলাগলি করে হেঁটে বেড়াচ্ছে আর বলতেছে- মরলে একসাথে মরমু, বাঁচলে একসাথে। কক্সবাজারে সবাই ছুটি কাটাতে যাচ্ছে। কেউই আমাদের পাত্তা টাত্তা দিচ্ছে না! আমাদের সৈন্যরা সমানে টাসকি খেয়ে যাচ্ছে।

এদের জন্য জায়গায় জায়গায় হামলা করার ভয় না দেখিয়ে কিছু জেলখানা বানালে ভালো হতো। এটলিস্ট জেলে ঢুকার ভয়ে হলেও এদের কিছুটা বিকার আসত।

একথা শুনে হেড-কমান্ডার ভাইরাস রেগে উঠলেন, বল কি? এটা তো আমাদের ইজ্জত -এর ব্যাপার! তোমাদের মত বীররা পৃথিবীর সব দেশকে পরাজিত করে এসে এখানে আসার পর দেখি নিজের ইজ্জতটাই ধরে রাখতে পারছ না। সব পাংছার হয়ে যাচ্ছে। তোমরা করছটা কি? উহান থেকে কালো-চশমাওয়ালা রেবফোর্স পাঠাতে হবে মনে হচ্ছে!

কান্ট্রি-চিফ ভাইরাস বললো, কালো-চশমাওয়ালা রেবফোর্স পাঠিয়েও লাভ হবে না, বস, এরা বড়ই তেরা জাতি! এর মধ্যে পিছন থেকে আরেকজন কাঁপতে কাঁপতে বলে উঠল, বাংলাদেশ দূষণ-এ ভরা, আমাদের মাস্ক দরকার। এখানকার

রাস্তাঘাটে অনেক ধুলা-বালি, আমাদের নিজেদেরই শরীরেরও ঠিক নাই, এখানে আসার পর থেকেই সর্দি কাশি বাড়তাছে। উহানে আমার পরিবারডা রেখে এসেছি, একটা ছোড বাচ্চাও আছে আমার, ফিটনেসটা তো ঠিক রাখা দরকার। সবাই কে উহান হেড অফিস থেকে মাস্ক provide করলে ভাল হয়, বস। এখানে এখন করোনা হাইপ মাস্কের দাম ২০০ টাকা প্লাস, বাগে পেয়ে ওরা দাম বাড়ায় দিছে।

তখন সেনাপতি ভাইরাস বলে উঠল, এদেরকে কাবু করা খুব শক্ত, জনাব। এরা মাস্ক খুলে নাকও চুলকায়! আমাদের লাইফটাইম 'পার্টনার' ডেংগু মশাও এই বিষয়ে আমাদেরকে আগে থেকেই সতর্ক করে দিয়েছে। ওরা স-মা-নে কামড়িয়েও এখন এদেরকে কিছুই করতে পারছে না। ওদের নাকি এখন আর কোন ছেতভেৎ হয় না। তার মধ্যে এখানকার সব হোমিওপাথিক ডাক্তাররা আমাদের জন্য ভ্যাক্সিনও বানায়ে ফেলছে বস, ক্লিনিকাল ট্রাইল ছাড়াই। আনাছে কানাচে, ফুটপাথে সবাই ভ্যাক্সিন নিয়ে বসা। অলিগলি সব জায়গাই এখন খুব রিস্কি!

কান্ট্রি-চিফ ভাইরাস আতঙ্কিত ভঙ্গিতে হাত কচলিয়ে বলে উঠল, এগুলা হইলেও হইত জনাব, মুল সমস্যা আরও গভীর। আমাদের টিম মেম্বাররা পল্টন ময়দানের একটা রাজনৈতিক সভায় গিয়েছিল সেদিন, এক ইটালি ফেরত আদমির সাথে করে।

হেড-কমান্ডার ভাইরাস হকচকিয়ে বললো, তাতে এমন কি হইছে? সভাসমিতিতে attend করা তো ভাল।

কান্ট্রি-চিফ ভাইরাস কাচু-মুচু ভঙ্গিতে বলে উঠল, এতে অনেক বড় গড়বড় হয়ে

গিয়েছে! এই সভার পর থেকেই আমাদের পুরা টিমটা দুই দলে বিভক্ত হয়ে গিয়েছে। তার মধ্যে জাতির পিতা বঙ্গবন্ধু শেখ মুজিবুর রহমান এর ছিল আজ...। কথাটা শেষ করতে পারেনি কান্ট্রি-চিফ। পিছনের সারি থেকে এক মোটাসুটা গোঁফওয়ালা ভাইরাস তীব্র স্বরে চিৎকার দিয়ে বলে উঠল, জাতির পিতা-ডা আবার কে? জাতির পিতামাতা যদি কেউ থেকে থাকে সেটা তো আমাদের জিয়াউর রহমান আর আমাদের নেত্রি দেশরত্ন, নয়নমণি খালেদা জিয়া। আমাদের জিয়াউর রহমান ওই ঘোষনাটা না দিলে কে এই দেশের জন্ম হইত? বাংলাদেশ নামে কি আজ কোনও দেশের অস্তিত্ব থাকত, শালা? পিছন থেকে তখন 'BNP' ঘরানার ছাত্রদল ভাইরাসরা সমস্বরে চিৎকার দিয়ে বলে উঠল, "বাংলাদেশ জিন্দাবাদ"।

আওয়ামী ভাইরাসদল তখন তেলেবেগুনে জ্বলে উঠল, হারামির বাচ্ছারা, তোদের গুষ্টি কিলাই, COVID-এর খেতা পুরি, জিয়াউর রাহমান কার অন্ন খাইত, তোরা জানোস? তোদের নটী***। আওয়ামীদল তখন বিএনপিদলের উপড়ে প্রবল বেগে ঝাঁপিয়ে পরল। পরিস্থিতি দেখে কান্ট্রি-চিফ ভাইরাস হেড-কমান্ডার ভাইরাস কে রক্ষা করতে এগিয়ে আসলেন, কিন্তু শেষ অবধি কোনও সুবিধে করতে পারল না। সবাই দুই দলে বিভক্ত হয়ে রক্তক্ষয়ী যুদ্ধে নিয়োজিত হয়ে পরল। ভয়াবহ যুদ্ধ চলতেই লাগল।

পরেরদিন বাংলাদেশের সকল খবরের পাতায় হেডলাইন নিউজ আসল। "বাংলাদেশ করনা ভাইরাস থেকে মুক্ত"।

গোটা পৃথিবী এমন নিউজ দেখে হতবাক।

জাতিসংঘ মহাসচিব শেখ হাসিনাকে বীরনেত্রী উপাধি দিয়ে, চলতি অধিবেশনে "How to kill the deadly virus so fast" শীর্ষক বক্তব্য দেওয়ার জন্য আমন্ত্রণ জানাল।

Note: Corona is still spreading, Be safe, wash your hands frequently and be unsocial until its safe.

মাধবীর জীবনে বৃষ্টি

শাহবাগের মোড় থেকে বেরিয়ে টিএসসিতে যাবার জন্য রিকশা ঠিক করছিল মাধবী। রাস্তায় উপচে পড়া চলন্ত রিকশা, টেক্সি, মিনিবাসের সাঁ সাঁ শব্দ আগের মত কানে বাজছে না আজ মাধবীর। অফিস চলাকালীন সময়ের প্রবল জনস্রোতে বরাবরের মত তীব্র বেগ পেতে হচ্ছিল আজও। রাস্তার ওপাশে একটা রিকশা দীর্ঘক্ষন ধরে আটকে আছে দেখতে পাচ্ছে মাধবী।

স্থলযানের নিরন্তর যান্ত্রিক কোলাহল উপেক্ষা করে মাধবীর অস্ফুট শব্দ পৌছল না ঘর্মাক্ত রিকশাওয়ালার অন্যমনস্ক কর্ণগুহরে। সহসা রাস্তা অতিক্রম করারও উপায় নেই ওখান থেকে। অনেকটা পথ মাড়িয়ে ওভারব্রীজ ধরে কোনমতে রাস্তা পেরুতে সমর্থ হল মাধবী। পুরো শরীর ঘামে জবজব করছে। গত কয়েকদিনের অক্লান্ত পরিশ্রমে ভেঙ্গে পড়া নতশরীর। এসব কিছুই আজ গায়ে মাখছে না সে। আজ মাধবীর জীবনে হতে যাচ্ছে এক বিশেষ দিন। তীব্র ভাল লাগার, ভালবাসার এক অনন্য দিন। ১৪ই ফেব্রুয়ারী আজ। তার স্বপ্নপুরুষটি অপেক্ষা করছে তার জন্য টিএসসিতে। শুধূই তার জন্য। কাল গভীর রাতে ফোন করে বিশেষ কিছু বলবে বলেছে আবীর।

বলার কথা মনে করেই তীব্র আবেগে কেঁপে কেঁপে ওঠছে মাধবীর দেহ-মন। কি প্রচন্ডই না ভালবেসে ফেলেছে আবীরকে সে এই এক বছরে, নিজের অজান্তে। আর তাই, দরিদ্র সংসারের ভার টেনে নেওয়া ভেঙ্গে পড়া ক্লান্ত শরীর কোনভাবেই

গায়ে মাখছে না মাধবী। নিজের অজান্তেই হাঁটার মধ্যেই চলে যায় কামনার স্বপ্নপুরীতে, যেখানে বসবাস করছে শুধূ সে আর তার আরাধ্য পুরুষ আবীর। কল্পনার সাগরে আবেগভরা ফুল দিয়ে সাজাতে থাকে অভিষারের রঙ্গিন বিছানা, স্বর্গফুল বিস্তীর্ন সেই নরম বিছানায় আবিষ্ট হয়ে ঢলে পড়ে থাকে দুটি যৌবনভরা স্বর্গীয় শরীর, প্রবল কামনার দু'জোড়া ঠোঁট মিশে যেতে থাকে অকৃত্রিম আনন্দের উত্তপ্ত ভালবাসার প্রণয়ভরা সরোবরে।

হঠাৎ তীব্র যান্ত্রিক টুং-টাং শব্দে সম্বিত ফিরে পায় মাধবী। অল্পবয়সী রিকশাওয়ালা বলে, "কই যাইবেন আফা?" মাধবী, জায়গার নাম বলে কোনরকমে দ্রুত উঠে পড়ে রিকশাতে। ভয়াবহ যানজট অতিক্রম করে ধীরে ধীরে চলতে থাকে রিকশা। "দেবপাড়ার গলি দিয়ে ঘুরে যেতে হবে গো আফা, এইদিকে খুব জ্যাম, একটু বাড়ায়ে দিয়েন আফা! এমনিতেই আজ জোড়া-দাঁড়কাক দেইখা বের হইছি, জোড়া দাঁড়কাক দেইখা বার হইলে দিন খারাপ যায় আফা"– অল্পবয়সী রিকশাওয়ালা বলতে থাকে ক্লান্ত স্বরে।

রিকশাওয়ালার কথাগুলো কানে গেল না মাধবীর। তার কল্পনা-বেষ্টিত হয়ে আছে শুধু আবীরের ছবি। একই ইউনিভার্সিটিতে নাট্যকলা বিভাগে পড়ে আবীর, সেই সূত্রেই প্রথম পরিচয়। পড়াশোনার ফাঁকে ফাঁকে সময় পেলে টুকটাক থিয়েটারে অভিনয়ও করত আবীর।

কদিন আগেই আবীর বলছিল, এই বছরের শেষে লেখাপড়ার পাঠ চুকিয়েই ঘরে

তুলে নিবে তাকে। তারপর একটা চাকরী জুটিয়ে নিয়ে ছোট্ট সংসার বাঁধবে তারা। ছোট্ট একটা ঘর নিবে বনানীতে। সেখানে সোনার সংসার গড়বে তার ভালবাসার মানুষকে নিয়ে। সেখানে থাকবে শুধূ সুখ আর তীব্র ভালবাসা। সেই ভালবাসার বানে আবেগস্বত্ব বীজের জন্ম দিবে তারা নীল ভালবাসার প্রাণয়িক মিশ্রনে। সেই কল্পিত বীজের নামও নামও ঠিক করে নিয়েছে আবীর। ছেলে হলে আকাশ, আর মেয়ে হলে বর্ষা। লজ্জায় লাল হয়ে যেত মাধবী। মাঝে মাঝে কি যে পাগলামি করে না আবীর!

“নামেন গো আফা, আইসা পড়লাম”– পঞ্চাশ টাকার একটা নোট হাতে ধরিয়ে টিএসসির মোড়ে দ্রুত এগুতে থাকে মাধবী। প্রতীক্ষার দুটি চোখ চারদিকে খুঁজতে থাকে তার প্রিয় মানুষটিকে, ভালবাসার দিনের তার আরাধ্য পুরুষটিকে। জনকোলাহল ডিঙ্গিয়ে একটু এগুতেই মাধবী দেখতে পায় আবীর বিষন্ন মুখে বসে আছে একটি শিমুল গাছের নিচে গা এলিয়ে। মাধবীর আগমনকে একরকম উপেক্ষা করে, না তাকিয়েই আবীর আবেগহীন গলায় প্রশ্ন করে, “ভাল আছ?” উত্তর দেয় না মাধবী, চুপ করে বসে থাকে ঠিক সেও আবীরের মত করে। মাধবীর অজানা তীব্র এক ভাল লাগা তৈরি হয় সবসময় আবীরের সান্নিধ্যে আসলে। এবারও তার ব্যতিক্রম নয়। কিছুক্ষন নীরবতার পর এই প্রথম চোখ তুলে তাকায় আবীর, নির্লীপ্ত চোখে তাকিয়ে জিজ্ঞেস করে, “কি হল, কথা বলছ না যে?”

“উত্তর দিতে ইচ্ছে করছে না।“– মাধবী স্মিত হাসিমাখা মুখে বলে।

ক্ষীন রেগে যায় আবীর। চেপে ধরা গলায় বলে, “ঢং করনা তো মাধবী, আমার ভাল লাগছে না আজ, আমি তোমাকে কিছু সিরিয়াস কথা বলব। প্লিজ আমার কথা শেষ না হওয়ার আগে তুমি কিছু বল না।”
“খুব, কঠিন কিছু?” — মাধবী মৃদু হেসে বলে।

“সেটা তুমি বুঝে নিও। কথাগুলো শুনে তুমি মুখ ফুলিয়ে বসবে কিনা এটাও তোমার নিজস্ব ব্যাপার!”
“তোমাকে এত অন্যরকম লাগছে কেন আজ?”-মাধবী ঈষৎ বিরক্তি নিয়ে বলল।

মাধবী, গত বছর ঠিক এই দিনে আমি তোমাকে প্রথম ভালবাসার প্রস্তাব করেছিলাম। মনে আছে তোমার? তুমি সে প্রস্তাব পাগলের মত গ্রহণ করেছিলে। আমার বন্ধু অপু তোমাকে আমার সাথে পরিচয় করিয়ে দিয়েছিল সেদিন। মাধবী, এই এক বছর আমার দিক থেকে যেটা করা হয়েছিল, সেটা প্রকৃত ভালবাসা ছিল না, ছিল শুধুই অভিনয়।

এটা আমার জন্য ছিল নতুন একটা উপলব্ধি। এই উপলব্ধি অর্জন করা আমার খুব প্রয়োজন ছিল। আর এর জন্য তোমাকে ব্যবহারের কোন বিকল্প ছিল না। ভালবাসার স্বরূপ উদঘাটনের জন্য এই এক্সপেরিমেন্ট অবশ্যম্ভাবী হয়ে উঠেছিল আমার জন্য। তুমি তো জানই আমার শেষ বর্ষের থিসিসের বিষয়ই ছিল এটা।

তাই বাস্তব উপলব্ধিটা আমার জন্য খুব আনুষাঙ্গিক হয়ে দাড়িয়েছিল তখন। খুব শিঘ্রী আমি মনস্থাত্বিক বিষয়ের উপর ভিত্তি করে তৈরি করা থিসিসটি সাবমিট করব। কাজটাও গুছিয়ে নিয়েছি। তোমাকে উৎসর্গ করেছি আমি আমার থিসিস পেপারটি। আমি তোমার কাছে বিনীত ক্ষমা চাচ্ছি এই অনিচ্ছাকৃত অভিনয়ের জন্য। প্লিজ, ক্ষমা করে দিও। আমার ভবিষ্যেতের জন্য এর বিকল্প উপায় আমার সামনে খোলা ছিল না। ভাল দেখে অন্য কোন রাজকুমারকে বিয়ে করে নিও। আমার শুভকামনা থাকবে সবসময়, তোমার সাথে।“

যান্ত্রিক রোবটের মত কথা শুনে যাচ্ছিল মাধবী। নিজের কানকে বিশ্বাস করতে পারছে সে এখন। কিছুক্ষন পাথরের মূর্তির মত বসে রইল। কথা গলায় আটকে যাচ্ছে, মাধবীর। মাথায় কেমন এক অচেনা চিনচিনে ব্যথা অনুভব করছে। চোখ ভিজে যাওয়াতে ঝাপসা দেখছে সব। অঝোড় ধারার বুকফাটা কান্নার ঢেউ বুকের ভিতর থাকলেও বাইরে প্রচন্ড ঘৃণায় মুখে থুথু জমতে শুরু করেছে মাধবীর। অনেক দরিদ্র ঘরের মেয়ে মাধবী। দারিদ্রক্লিষ্ট সংসারের টুরো দায়ভার তার উপর। সংসারের ক্লন্তিভর দিনের ভিতরে একটুখানি বিশ্রামের জন্য আবীরের কাছে ছুটে আসত সে, পেত মিথ্যা ভালবাসার ক্ষীন ছোঁয়া। আবীরের কাছে জীবন সঁপে দিয়েছিল সে। অনেকে বলেছিল তখন, বামুন হয়ে কখনও বড়লোকদের ভালবাসতে নেই, কারোর কথাতেই কান দেয়নি সে। সকল আভিঝাড়ি পাশে ফেলে অন্ধের মত ভালবেসে গিয়েছিল সে আবীরকে। নিজের ভালবসারা প্রতি পূর্ণ শ্রদ্ধাশীল ছিল সবসময়। আজ বুঝতে পারল সে, ভালবাসার ল্যাবে সে ছিল শুধূই নিছক সাজানো ভালবাসার ইক্যুপমেন্ট, যাকে ব্যবহার করা হয় শুধু ভালবাসার আউটপুট/ডাটা বের করার জন্য। ঘেন্নায় শির শির করে কাঁপতে

তাকে মাধবীর ঢেলে-পড়া শরীর। মন জুড়ে গর্জে ওঠা ঝড়ের ক্ষ্যাপা তান্ডব। নির্মম কষাঘাতে রিক্ত মনের অতল গভীরস্থল। প্রতিশোধের রক্ত ঝাঁড়া দিয়ে উঠে মাধবীর মাথায়। তীব্র চিৎকার করে বলতে ইচ্ছে করে মাধবীর, "আবীর, তুই কাপুরুষ তুই জানোয়ার।"

কিন্তু কিছুই বলা হয়না মাধবীর, কারন মাধবী জানে জানোয়ারদের কাছে যে আবেগের কোন মূল্যই নেই! নিজেই ছোট হবে শুধূ শুধু। নিজেকে চাপিয়ে নিল মাধবী পুরোপুরি। শুধু শেষবারের মত একটি শব্দই বলল,

"আসি"।

প্রত্যাগমনের সময় মাধবী আর আবীরের দিকে চোখটি তুলেও তাকাল না। আবীরও ছিল সহজাত নিশ্চুপ।

ঘরে এসে তীব্র আবেগআপ্লুত কন্ঠে অঝোড় ধারায় ডুকরে কেঁদে উঠল মাধবী। ক্লান্ত শ্রান্ত শরীর বিছানায় এলিয়ে দিল সাথে সাথে। আবীরের জন্য জমা রাখা তীব্র ঘৃণার থুথু বাথরুমে গিয়ে ঝেড়ে ফেলল আগে। পরক্ষনেই স্বভাববিরুদ্ধ নিজেকে স্বাভাবিক করে নিল। মাধবী তার মনকে শক্ত করতে লাগল। বাবাহীন সংসারের দায়িত্বভার তার উপরেই যে, তার তো ভেঙ্গে পড়লে চলবে না। তাছাড়া জানোয়ারদের জন্য আবার কষ্ট কিসের। নতুন উদ্যেমে আবার জেগে উঠার চেষ্টা করল মাধবী। আবার নিজেকে কাজকর্মের মধ্যে ডুবিয়ে নিতে থাকল সে। কোমল

অতৃপ্ত প্রতিশোধ

মনের গভীর ভালবাসার সমুদ্র থেকে আবীরকে প্রতিচ্ছবিকে মুছে দিতে থাকল সারাক্ষন একটু একটু করে, কিন্তু তার নিজস্ব ভালবাসাকে জিইয়ে রাখবে চিরকাল, নিজের কোমল হৃদয়ে। তার ভালবাসায় তো কোন খাদ ছিল না। সেই ভালবাসাকে নিয়েই বেঁচে থাকতে চায় মাধবী, সেটাই তার ভবিষ্যৎ পথচলার জন্য হয়ে থাকবে চলনসই পাথেয়।

ভালই চলছিল কয়েকমাস মাধবীর। কাজ আর পরিবার এই নিয়েই এখন তার একাকী জীবন। একরঙ্গা পথচলা।

একদিন অপুর ফোন। অনেকদিন পর বলেই হয়তো প্রথমে গলা চিনতে পারেনি মাধবী।

“মাধবী, আমি অপু, আবীরের বন্ধূ। চিনতে পেরেছ তুমি?”

“ও, হ্যাঁ, অপু। চিনতে পেরেছি এখন।”

সব পুরুষের প্রতিই একই রকম ঘৃনা কাজ করে এখন মাধবীর। সব পুরুষকেই এখন আবীরের সদৃশ মনে হয়!

"তোমার সাথে একটু জরুরী কথা ছিল, একটু আসবে, ঢাকা মেডিকেল কলেজ হাসপাতাল, ২৩ নং ওয়ার্ড।"

চমকে উঠল মাধবী। চাঁপা গলায় জিজ্ঞেস করল, 'কেন, কিছু হয়েছে?'

'আস আগে, আসার পর বলছি। প্লিজ '

মাধবী কালক্ষেপন না করে হাসপাতালের উদ্দেশ্যে বের হল। হাসপাতালের ঢুকার পথেই অপুর সাথে দেখা। অপুর হাতে একটা ব্যাগ, স্বচ্ছ ব্যাগে সাদা কাপড়ের থন স্পষ্ট দেখা যাচ্ছে। মাধবী শক্ত হয়ে তাকিয়ে আছে অপুর দিকে। কোন কথা বলছে না। অপুই প্রথমে চলমান নীরবতা ভাঙ্গল। "মাধবী এই চেয়ারটায় একটু বস, আমি একটু আসছি।"

মাধবী হাসপাতালের করিডোরে লম্বা চেযারে হেলান দিয়ে অপেক্ষা করতে থাকল অপুর জন্য। কিছুক্ষন পরই অপু খালি হাতে ফিরে আসল। অপু দৃঢ়স্বরে বলল, "মাধবী, তোমাকে একটু শক্ত হতে হবে।"

মাধবী ভেঙ্গে পড়া স্বরে জিজ্ঞেস করল, "কি হয়েছে, অপু?"

অপু কিছু না বলে একটি লাল খাম এগিয়ে দিল মাধবীর দিকে।

ঠিক এই রঙ্গের খামই আবীর প্রথম প্রস্তাবের সময় দিয়েছিল। তখন খাম খুলে গোলাপ ফুলের পাপড়ির মধ্যে তার রাতজাগা ভরা আবেগের কথাগুলো লিখা ছিল। কিন্তু আজও কেন?

মাধবী অপ্রকৃতস্থের মত খামটি খুলতে লাগল। অপু পাশ ফিরে মাথা নিচু করে দাড়িয়ে আছে মাধবীর অন্য দিকে মুখ ফিরে। কেমন যেন আচমকা দমবন্ধ লাগছে মাধবীর! চারপাশটা কেমন অসহ্য লাগছে।

আগেরবারের মত খামটি খুলে গোলাপের কোন পাপড়ি পেল না আজ। পেল একটি কালো পাতার চিঠি, যেখানে সাদা কালিতে লিখা–

"প্রিয় মাধবী,

তুমি যখন এ চিঠিটি পাবে, তখন আমি অন্য কোন এক জগতে। লক্ষিটি, তোমার সাথে আমি কোন প্রতারণা করতে চাইনি। হযতো আমার ভালবাসা তোমার চেয়েও বিশুদ্ধ ছিল। কিন্তু সেই ভালবাসা গ্রহণ করার শক্তি যে ঈশ্বর আমাকে দেননি। ফাইনাল পরীক্ষার কিছুদিন আগে আমার মাথায় কোন এক অজ্ঞাত কারনে প্রচুর রক্তক্ষরন হয়। অনেক ডাক্তার দেখাই। একটা সময় ব্লিডিং কনটিনিউয়াসলি চলতেই থাকে। ডাক্তার আমার সময় বেঁধে দেয়। হাতে অল্প সময়! অনেক চেষ্টা করিছে। কিন্তু কোন প্রতিকার করতে পারিনি। জানি, তোমাকে

বললে তুমি ঠিকই আমার সহযাত্রী হতে। কিন্তু আমি তোমোকে বিধ্বস্থ হতে দিতে চাইনি। আমি এটা সহ্য করতে পারতাম না। আমার জন্য আমি তোমার জীবনটাকে কেন নষ্ট হতে দিব, মাধবী? তোমার উপর অনেকজনের জীবন নির্ভরশীল। তাদের পুরো দায়িত্ব তোমার উপর। তোমাকে ভালভাবে সংসারের হাল ধরে থাকতে হবে তোমার জন্য না হলেও, তাদের জন্য। আমার জীবনের সাথে তোমাকে জড়ানোর কোন মানেই হয়না এখন। তোমার জীবন থেকে সরে আসার এর থেকে ভাল উপায়ও পাইনি আমি। সেখান থেকে আসার পর আমি বুঝেছি, ভালবাসার যাতনা কি জিনিস! কিন্তু কি করব বল? বিকল্প কোন উপায়ই ছিল না যে আমার! খুব ভালো থেকো মাধবী, সবসময়। মনের মত কাউকে বিয়ে করে সুখী হও তুমি। শুধূ একটা আর্জি আমার। তোমার সন্তান হলে আমার দেয়া নামটা রাখার চেষ্টা কর, প্লিজ। আমার চিনচিনে ব্যথাটা শুরু হয়েছে আবার। আর লেখার সময় নেই হযতো।

ভাল থেকো মাধবী, সবসময়।

–ইতি,
তোমার আবীর।

মাধবী, হাসপাতালের করিডোরের জানালা দিয়ে তাকিয়ে দেখে, বাইরে অঝোড় ধারায় বৃষ্টি হচ্ছে। কালো হয়ে আসছে চারিদিক। একটা ইলেকট্রিসিটির খুটির উপর এক জোড়া-দাঁড়কাক ঘাপটি মেড়ে বসে আছে অনেকক্ষন। হাসপাতালের কোলাহল ছাপিয়ে বৃষ্টির রিনিঝিনি শব্দই শুধু কানে বাজছে মাধবীর। এ এক অদ্ভুত অনুভূতি টের পাচ্ছে মাধবী, যার সাথে পার্থিব কোন কিছুরই মিল নেই।

ছোটগল্প: অতিমানবের গিণিপিগ

প্রচন্ড মাথা ঝিমঝিম করছে। চোখ খুলে তাকাতে পারছে না। গলার হাড়ের নিচে অসহ্য ব্যথা। পানির পিপাসা পেয়েছে খুব। অল্প অল্প করে চোখ খুলে তাকাল মনির। চোখের ঝাপসা ভাবটা আস্তে আস্তে সরে এসেছে। সে এখন স্পষ্ট দেখতে পাচ্ছে, সে একটা নীল চেয়ারে হেলান দিয়ে বসা। সে এখানে কিভাবে এল, কিছুই মনে করতে পারছে না। তার চারপাশটা একটু ভালভাবে দেখার চেষ্টা করল। পরিবেশটা তার কাছে অনেকটা অপার্থিব মনে হচ্ছে।

অনেকগুলো লোক একটা লম্বা কিঁউয়ে দাড়িয়ে। সবারই অঙ্গে কোন না কোন অদ্ভুত ক্ষতের চিহ্ন। কারো হাত ভাঙ্গা, কারো বুকের পাজরেঁর কাছে দগদগে রক্তাক্ত ছিদ্র। চারপাশের এই অস্বাভাবিকতায় মনিরের ধাতস্ত হতে বেশ খানিকটা সময় লাগল। লাইনের মাথায় একটি পরীর মত অপরূপ সুন্দরী মেয়ে সবাইকে কি যেন জিজ্ঞেস করছে এবং একটি বিশেষ ঘরের ভেতর যাবার জন্য নির্দেশ করছে। মনির সচেষ্টভাবে এই অদ্ভুত পরিবেশে খাপ খাইয়ে নেয়ার চেষ্টা করল।

এই ঘরের কোন আসবাবপত্রই জাগতিক মনে হচ্ছে না মনিরের কাছে। রুমটিতে কোন জানালা বা বাতি নেই। তা সত্ত্বেও ঘরে ভরা জোৎস্নার মত মায়াবী আলোর আভা ছড়িয়ে আছে চারপাশে।

গলার ব্যথাটা এখনও খুব পীড়া দিচ্ছে। পানির পিপাসা এখন আরো বেড়েছে। বলার মত কাউকে দেখতেও পাচ্ছে না যাকে পানির কথা বলা যায়। হঠাৎ একজন বিকৃত লোককে ঘরে ঢুকতে দেখে মনির রীতিমত আর্তনাদ করে

উঠল। ম্লান আলোতেও স্পষ্ট দেখা যাচ্ছে লোকটির পেট ও পিঠ থেতলানো। দেখে মনে হচ্ছে, একটা বড় ট্রাক পেটের উপর দিয়ে চলে গিয়েছে। এমন মূমুর্ষূ অবস্থায় এরকমভাবে চলার কথা না লোকটার। লোকটি বেশ স্বাভাবিক ভঙ্গিতে লাইনের শেষে গিয়ে দাঁড়িয়ে চারদিকটা ফ্যাল ফ্যাল করে দেখতে লাগল।

-"আপনি মনির?"
অয়ন দেখল অস্বাভাবিক চেহারার একটি লোক তার পেছনে দাঁড়িয়ে।
-"হ্যাঁ, আমিই মনির।"

মনির কথা বলে বুঝতে পারল তার কথা বলতে খুব কষ্ট হচ্ছে। অয়ন রোবটের মত বলে উঠল, "একটু পানি দেওয়া যাবে আমাকে।"

-"আপনি পাশের ঘরটিতে গিয়ে বসুন, কিছুক্ষের মধ্যেই পানির পিপাসা কমে যাবে।"

মনিরের এর পেছনে কোন সায়েন্টিফিক ব্যাখ্যা নিয়ে ঘাটাঘাটি করতে ইচ্ছা করল না। সে খুব দ্রুত পাশের খালি ঘরটিতে গেয়ে বসল। আর সত্যিই পানির পিপাসাটা কর্পুরের মত উড়ে গেল!
কিছুক্ষন আগে অয়ন এই অস্বাভাবিক পরিবেশের পেছনে কিছু যুতসই যুক্তি খুজেঁ নিয়ে নিজেকে সহজ করবার চেষ্টা করছিল। কিন্তু এখন আর সেই যুক্তিগুলো কোন কাজেই দিচ্ছে না।

-"পানির পিপাসা মিটেছে?"

-"হ্যাঁ, ধন্যবাদ। আচ্ছা বলা যাবে, আমি এখন কোথায়? কিভাবে এলাম এখানে?"

-"হ্যাঁ, বলা যাবে। পৃথিবী নামক একটি ছোট্ট গ্রহ থেকে কয়েকজন মানুষকে আমাদের বিশেষ চতুর্থ মাত্রার স্প্যাসক্রাফট সংগ্রহ করে নিয়ে এসেছে। আপনি তাদেরই একজন! স্প্যাসক্রাফটি আসার সময় এন্ড্রোমিন্ডার সাথে আঘাত লাগায় স্যাম্পলগুলো কিছুটা ক্ষতিগ্রস্থ হয়েছে। আমাদের সায়েন্স সেন্টার ল্যাবরেটরি টিম আমাদের হাতে মানবপ্রজাতির উপর কিছু গবেষনালব্ধ উপাত্ত চেযেছে! এই গ্রহে ওরগানিক মলিকুলের ঘাটতি ভয়াবহ আকার ধারন করেছে। মানুষের দেহমৌল থেকে সেই ঘাটতি পুরণ করার আপ্রাণ চেষ্টা চলছে। এক্ষেত্রে আপনাদের অংশগ্রহনের জন্য এই গ্রহবাসী কৃতজ্ঞ।

মনির ফ্যাঁল ফ্যাঁল করে তাকিয়ে থাকল অনেকক্ষন লোকটির দিকে। এখনও বুঝে উঠতে পারছে না কিছুই। গলা শুকিয়ে আসছে। তীব্র পানির পিপাসা আবারও পেয়ে বসেছে, মনিরের।

রিপন দে

স্যাটায়ার: সৌদি আরবের অপার্থিব এক ভিন্ন জগৎ

কারাগারের এক কোনায় নিস্তব্ধ বেঞ্চিতে ঝিম ধরে বসে আছে ফারুক। কিন্তু তা সত্ত্বেও আজ ঝিম ধরা ফারুকের মুখে একটু হলেও আনন্দ খেলা করেছ। কারন আজ রাতে দেশের বাড়িতে কথা বলতে পারবে সে। কারাগার কর্তৃপক্ষ প্রতি বৃহস্পতিবার দেশে ফোন করার সুযোগ করে দেয় সকল আসামীকে। মায়ের সাথে মনের সকল কথা বলবে ভাবতেই ভাল লাগছে তার। অনেক কথা জমা হয়ে আছে। ফারুক সৌদি আরবে এসেছে প্রায় তিন বছর হয়ে গেল। দেশের প্রায় সকল জমি বিক্রির টাকা দিয়ে বদিউজ্জামান ভাইয়ের কাছ থেকে ভিসার ব্যবস্থা করে ফারুক। ভিটেটাই শুধু অবশিষ্ট রেখে এসেছিল দেশে। দারিদ্রতা তার চারপাশ আকড়ে ধরে থাকলেও এক স্বতস্ফূর্ত আনন্দ ছিল তার জীবনে। কিন্তু একটি ঘটনায় তছনছ হয়ে গিয়েছে তার সাজানো জীবন!

এই নতুন দেশে এসে অমানুষিক খাটুনি খাটছিল ফারুক এই ক'বছরে, এতটুকু সুখে আশায়। অনেক স্বপ্ন নিয়ে এদেশে এসেছিল সে। স্বপ্নের দিকে এগিয়ে যাচ্ছিল। দেশে গিয়ে বিয়ে করবে, এমনি পরিকর্পনা নিয়ে নিয়েছিল প্রায়! কিছুদিন পরেই সুন্দর ছোট্ট একটি সংসার হবে তার। বিয়ের টাকা-পয়সা, গয়না-গাটিও প্রায় জমিয়ে ফেলেছিল সে। তাছাড়া বোনকে বিয়ে দিতে হবে খুব তাড়াতাড়ি। মায়ের চিকিৎসা, অনেক দায়িত্ব তার কাধে! টাকার নেশায় পেয়ে গিয়েছিল ফারুকের মনে একসময়। আরও সাতজনের একটি সৌদি গ্রুপে মিশে গিয়েছিল ফারুক। গ্রুপটি ভাল ছিল না কোনভাবেই। আগে সে বুঝতে পারেনি সেটি। কিন্তু

এ দলে ভিড়ে আর বেরুতেও পারছে না সে । একদিন একটি খারাপ সিদ্ধান্ত নিল তার দলের মিশা ভাই। ডাকাতী করার সিদ্ধান্ত নিল তারা। ফারুক কোনক্রমেই এ সিদ্ধান্ত মেনে নিতে পারেনি। এ কাজে কোনভাবেই যুক্ত হতে চায়নি সে। সরে যাওয়ার উপায় নেই এখন। একদিন ভোরে ডাকাতী কর্ম সের ফেলল সবাই মিলে। ধস্তাধস্তীর সময় কেয়ারটেকারের পেটে ছুড়ি চালিয়ে দিল মিশা ভাই। কিন্তু বিশ্বাস কর, মিশা ভাইও এ খুন করতে চায়নি কখনই। ফারুক জানে সে তো এ খুনের জন্য দায়ী নয় কোনভাবেই। অনেকবার বারনও করেছিল সে এসব কাজ করতে মিশা ভাইকে। কেন যে এমন হয়ে গেল! কিছুই এখন সুষ্টুভাবে চিন্তা করতে পারছে না ফারুক। সবই কেমন যেন এলোমেলো। মাথাটা প্রচন্ড ঝিমঝিম করছে ফারুকের। তীব্র পানির পিপাসা পেয়েছে।

কারাগারের হাওলাদারের ধমমকানি শুনে সম্বিত ফিরল তার। হাওলাদার একটি মোবাইল ফোন এগিয়ে দিল হাতে। ফারুকের চোখ চকচক করে উঠল তখন। তীব্র এক ভাললাগা শিরদাড়া বেয়ে নেমে গেল। গত ছয়দিন ধরে মায়ের সাথে কথা হয়নি। আজ কথা বলবে। মনের সাধ মিটিয়ে কথা বলবে। ১০ মিনিটে অনেক কথা জিজ্ঞেস করতে হবে এখন। মায়ের কথা, বাবার কথা পরীর কথা, টিয়াপাখির কথা, সব। মনে মনে সব গুছিয়ে নেয় সে তার সব কথা, যাতে এই অল্প সময়ের মধ্যে তার সকল কথা বলে ফেলতে পারে। যতবার ফোনের রিং বাজছে, প্রতিবার তার হৃদপৃন্ডে বিকট শব্দে ঢকঢক করছে।। মায়ের নিশ্বাস শোন যাচ্ছে অপাশে।

-কেমন আছিস বাবা, তুই এখন? সন্ধ্যা থেকে অপক্ষো করছি তোর ফোনটার জন্য।

-আছি মা। তুমি এখন কেমন আছ?

-ভাল না বাবা, সারাক্ষন তোর কথা মনে পড়ে বাবা! তুই কবে ছাড়া পাবি? চিন্তা করিস নে তুই! তোর চাচাকে বলেছি আমাদের বাড়িটা বন্ধকের ব্যবস্থা করতে। তোর চাচা খোজ নিচ্ছে। এখান থেকে পাঁচ লাখ টাকার ব্যবস্থা হয়ে গেলে সেই টাকা দিয়ে তুই যে বলেছিল একজন উকিল নিয়োগ দিতে, সেটা হয়ে যাবে দেখিস!

-মা, এ টাকা দিয়ে উকিল নিয়োগ দেওয়া যাবে না, মা? কমপক্ষে কোটি টাকা দরকার তাতে। মিছামিছি বাড়ি বিক্রি করতে যেও না! এত টাকা আমরা পাব না মা! তবে, তুমি চিন্তা করো না মা! সব ঠিক হয়ে যাবে, দেখ! শুধূ দোয়া কর মা আমার জন্য। কাল শুক্রবার। শুক্রবার আসলে খুব ভয় করে মা। প্রতি শুক্রবার জুম্মার নামাযের পরে ওরা আসামী কাটে মা। তবে তুমি আমার জন্য ভেব না তো, আমি ঠিকই ছাড়া পেয়ে যাব, দেখে নিও।– মাকে স্বান্তনা দেয় ফারুক। পাগল মাকে এভাবে না বললে তো কেঁদে কেঁদে আর রোগ বাধাবে, এটা ভালই জানে এখন ফারুক।

-তাই যেন হয় বাবা, তাই যেন হয়! মা ফুপিয়ে ফুপিয়ে কেঁদে উঠে! জানিস, তোর পাখিটা এখন কথা বলে রে। প্রতিদিন আমি ওর সামনে গিয়ে “ফিরে আয় বাবা” বলে ফুপিয়ে ফুপিয়ে কথা বলতাম। আজ সে কখাটি বলা শিখে ফেলেছে রে। পাখিদের কথা আল্লাহ শুনে। তুই মন খারাপ করিস নে। তুই কোর্টে সব সত্য কথা বলবি? সব তাদের ভাঙ্গিয়ে বল, তারা বুঝবে।

আমি তাদের কথা বুঝতে পারি না মা, তাদের ভাষা এখনও রপ্ত করে উঠতে পারিনি যে!! বাদ দেও মা এসব এখন। কিছুক্ষন পরই লাইন কেটে ফেলবে। পরি, কেমন আছে মা?

-ভাল রে, তোর কথাটি প্রায়ই বলে রে........!

বাকি কথাগুলো শুনতে পায় না ফারুক। ১০ মিনিট শেষ হয়ে গেল যে। ফোন আপনাতেই বন্ধ হয়ে গেছে। অপাশ থেকে কোন শব্দ আসে না আর। তীর্থের কাকের মত কান পাতিয়ে বসে থাকে ফারুক, আরেকটু শুনার আশায়। হাওলাদার রুটি রেখে গেছে বেঞ্চিতে সেই কখন। খেতে পারে না ফারুক। তার সত্যি কেমন লাগছে আজ! কেমন যেন বিশ্রী এক অনূভতি হচ্ছে। কাল জুম্মা। মনে আবারও এক ভয়! আবার কি কথা বলতে পারবে সে মায়ের সাথে কখনও। পরীকে খুব দেখতে ইচ্ছে হচ্ছে। মাকেও খুব। চোখে পানি টলমল করছে। এক ভয়ানক বিস্বাদ তাকে আষ্টেপৃষ্টে জাপটে ধরে আছে। রাতে ঘুম হয়না তার এখন। চোখের নিচে কালি জমে আছে অনেক দিন ধরে। আবার বেঞ্চিতে গিয়ে ঝিম ধরে বসে থাকে ফারুক। রাতটা এভাবেই কাটিয়ে দেয় সে প্রতিদিনের মত আজও।

ভোর হয়ে এল! ভোরের এক চিলতে আলোর ছটা কারাগারের ছোট্ট জানালা দিয়ে মেঝেতে গলে গলে পড়ছে। যে আলো একসময় দেখতে অন্যরকম ভালো লাগত তার, অন্যরকম এক অনুভুতি হত। সেই আলো এখন দেখতে ঘেন্নায় মনটা থিতিয়ে যাচ্ছে। একটু পরই জুম্মা। আল্লার কাছে আজও করজোড়ে প্রাথর্না করবে সে। মুক্তির প্রার্থনা। আবার দেশে ফিরে যেতে চায় সে, সেই সোধা মাটির ঘরে।

জুম্মার নামাযের সময় হয়ে গেছে। আজ দুইজন সাদা আলখেল্লাধারী তাকে মসজিদে নিতে আসল কেন সে বুঝে উঠতে পারল না। তাহলে কি আজ কিছু

ঘটতে যাচ্ছে? তাদের কথার অবাধ্য হয়না ফারুক। তাদের নির্দেশমত তাদের সাথে মসজিদে যায় সে। নামাজ শেষ হয়ে এল প্রায়। তীব্র এক ভয় জড়িয়ে রইল তাকে সারাক্ষন। নামাযের পরে আরও চারজন তার পাশে এসে দাড়াল। তাকে একটি খোলা ময়দানে নিয়ে গেল তারা। তার চোখ আর মাথা একটি কালো কাপড় দিয়ে বেধে ফেলল একজন। একজন ফিসফিসিয়ে বলতে লাগল, ঘাড়টা একটু নুয়ে রেখ, তাতে তোমারি সুবিধে হবে!! একজন তার হাত-দুটি কোরবাণীর গুরুর মত ধরে রাখে। ক্ষিণ স্বরে "আল্লাহ-আকবর" ধ্বনি শুনতে পায় সে। তার চোখ বাঁধা এখন। পারিপাশ্বিক কিছুই দেখতে পাচ্ছে না সে। সেই না দেখার মধ্যেও পরিষ্কার দেখতে পেল সে, তার মমতাময়ী মাকে, তার আদরের বোনকে। ওই তো মা, মায়ের কোলে মাথা রেখে শুয়ে আছে সে। দুরে বোনটি খেলা করছে। মা মাথায় বিলি কেটে যাচ্ছে। গুনগুনিয়ে গানও গাচ্ছে মা। শুনতে কি যে ভাল লাগছে! অপাথির্ব এক জগত থেকে স্বর্গীয় কোন সুর যেন ভেসে আসছে তার কর্ণকুহরে। সেই সুরের মুর্ছনা তাকে ভাসিয়ে নিয়ে যাচ্ছে আধ্যাত্বিক কোন এক ভুবনে! যে ভুবন থেকে কেউ পেছনে ফিরতে পারে না কখনও!

[পরিশিষ্ট: এই গল্পটিতে অন্যায়কে কোনভাবেই ছোট করে দেখা হয়নি। শুধূ, যে কোন অন্যায়েরই চরম শাস্তি মৃত্যদন্ডকে অমানবিক হিসেবেই উপস্থাপন করার চেষ্টা করা হয়েছে! বিনা বিচারে ক্রসফায়ারও সমদুষ্টে পড়ে]

সন্তানের ছবি নিয়ে এ প্রতিক্ষা কি কখনো শেষ হবার??

ভালবাসায় লোডশেডিং

গভীর রাত। ছাদের দক্ষিন কোনায় ছোট্ট ব্যালকনীর দেয়ালের উপর হেলান দিয়ে বসে আছে আবীর। অজস্র তারা উঠেছে আজ। আবীর মুগ্ধ চোখে তাকিয়ে আছে আকাশের তারার দিকে। এ এক অদ্ভুত ভাল লাগা। তবে এক বিশেষ কারনে আবীরের মনে আজ অদ্ভুত শিহরন বয়ে যাচ্ছে। শরীরের প্রতিটি লোহিতকনিকা যেন তীব্র উত্তেজিত হয়ে রক্তনালিকা ছিটকে বেরিয়ে আসতে চাইছে। যে মেয়েটার সাথে গত ছয়মাস ধরে ফেসবুকে/ফোনে চুটিয়ে প্রেম করে যাচ্ছে, সেই মেয়ের সাথে কালই প্রথম দেখা করতে যাচ্ছে আবীর। তারা গুলোর ফাঁক দিয়ে এক ফালি চাঁদ দেখা যাচ্ছে। হিমেল বাতাসের আলতো ধাক্কা লাগছে আবীরের গায়ে। কিছু একটা ভাবতে যাচ্ছিল আবীর এমনসময় ফোনটা তার স্বভাবজাত স্বরে বেজে উঠল।

“কি করছ?”

“মাধবী”?

“হুমম”।

“মাধবী জান, প্রবল আনন্দে আমার শরীর আজ কাঁপছে”।

“হুমম, এটাই স্বাভাবিক। আমার যে খুব ভয় ভয়ও করছে”!

“কেন”?

“তুমি যদি আমাকে দেখে পছন্দ না কর। আমি যদি তোমার মনের মত না হই”!

“এভাবে বল না, মাধবী। তোমাকে নিয়েই আমার সকল স্বপ্ন, আমার সকল ভাললাগা। এতদিন তিল তিল করে যে স্বপ্নের বাসর গড়েছি তোমাকে নিয়ে সে বাসর অবিনশ্বর, সেটা কি ভেঙ্গে ফেলা যায়? আমার সকল অস্বিত্ব, আমার সত্ত্বা তোমাকে ঘিরে, তোমাকে নিয়েই আমার পূর্ণতা।”

“এত ভালবাস আমাকে”?

“হুমম, এত। বিশ্বাস হয় না?”

“হুমম, হয়”।

“তুমি কাল কি পড়ে আসবে”?

“নীল টি-শার্ট, সাথে কালো প্যান্ট”।

“আর আমি?”

“তুমি সবুজ শাড়ী পড়বে, মাথায় থাকবে রজনীগন্ধা, আর হাতে বেনারসি চুড়ি। ওকে?”

“ওকে, Done”।

“সোনা, একটু ছাদে উঠনা, প্লিজ। দেখনা কি সুন্দর চাঁদ উঠেছে আজ। উঠনা একটু”।

“এই এখন না, এত রাতে ছাদে উঠলে বাবা সন্দেহ করবে”।

“প্লিজজজজজজজ”।

"ওহ, উঠছি বাবা। তুমি না, একটা পাগল"।

"হুমম, পাগল, সে তো তোমার জন্যই"।

অনেক রাত পর্যন্ত কথা বলছিল আবীর মাধবীর সাথে। তাই ঘুম থেকে এত দেরি করে উঠা। এখন বাজে দুইটা। তাড়াহুড়ো করে রেডি হয়ে চুলে হালকা জেল দিয়ে গায়ে পারফিউম মাখিয়ে বেরিয়ে পড়ল আবীর। সানগ্লাসটা হাতে নিল। মাধবীর পাঁচটার সময় শাহবাগের মোড়ে থাকার কথা। এখন বাজে তিনটা। প্রবল উত্তেজনা তাড়িত করছে আজ আবীরের মনে। অনিচ্ছাকৃতভাবে এত আগে বেরিয়ে পড়ার এটাই হয়তো কারন। "ফ্লোরা এন্ড ফাউনা" দোকান থেকে এক তোড়া লাল গোলাপ কিনল আবীর। হাটার ফাঁকে ফুলের সুবাস নিল। আহ। শাহবাগের মোড়ের কাছাকাছি এসে দাড়িয়ে রইল আবীর। প্রতিক্ষার প্রতিটি মুহুর্ত যেন এক একটি বছর মনে হচ্ছে আবীরের কাছে আজ। কিছুক্ষন এদিক ওদিক হাটাহাটি কলল আবীর। মোড়ের দোকানে গিয়ে একটা সিগারেট ধরাল। আকাশের অবস্থা ভাল না। কিছুক্ষের মধ্যে ঝড় নামবে।

অবশেষে এল সেই প্রতিক্ষিত মুহুর্ত। যে মুহুর্তটির জন্য মনের গহীনে ভালবাসা দিয়ে বুনেছিল এক অনিন্দ্যসুন্দর প্রতিক্ষার প্রহর। যার জন্য মনের অজান্তে অনেক দিন ধরে অপেক্ষা করছিল আবীর। রাস্তার অপাশে রিকশাটি থামল। রিকশার হুড খুলে অল্প তাকাল মেয়েটি। সবুজ শাড়িতে ওকে একটি সবুজ পরীর মত লাগছে দেখতে। কপালে লাল টিপ। মাথায় রজনীগন্ধার ডালি। বিধাতা কি মনের মাধুরী মিশিয়ে গড়েছিল এই নারীমূর্তি। আবীরের প্রবল

উত্তেজনায় হৃদস্পন্দন বাড়তে লাগল।
মাধবী হাত দিয়ে ইশারা করল, "এই, রিকশায় উঠো, ঝড় আসছে"।

কথা শুনে আবীর সম্বিত ফিরে পেল। আবীর আকাশের দিকে তাকিয়ে দেখল। আকাশে ঘন কালো মেঘ জমেছে। ধেয়ে বৃষ্টি আসছে কিছুক্ষনের মধ্যেই।

আবীর তাড়াতাড়ি রিকশায় কাছাকাছি গেল।
"কেমন আছ, তুমি?"-মাধবী জানতে চাইল।
"হুমম, ভাল, তুমি?"
"খুব"।

"এখন রিকশায় উঠো, প্লিজ। বৃষ্টি আসছে এক্ষুনি"।

আবীর রিকশায় উঠল। আবীরের গা এই ঝড়ো বাতাসেও ঘামছে। এক অদ্ভুত উত্তেজনায় সে কোন কথা খুজে পাচ্ছে না। তার গলা তোকায় জানি আটকে যাচ্ছে বারবার। মাধবীও কোন এক রহস্যজনক কারনে তার সহজাত কথার ফুলঝুরি হারিয়ে ফেলেছে আজ। যে মেয়েটি রাতের পর রাত, ঘন্টার পর ঘন্টা এই ছেলেটার সাথে কথা বলে যেত ক্লান্তিহীনভাবে, সেও আজ কোন বাক্য সাজাতে পারছে না বলার জন্য। আসার আগেও অনেক কথা সাজিয়ে নিয়ে এসেছিল দেখা হওয়ার পর বলবে বলে। এখন সব ভুলে গেছে। কিছুই আর মনে করতে পারছে না। অঝোড় ধারায় বৃষ্টি নামল। রিকশা থামাল ওরা।

অতৃপ্ত প্রতিশোধ

আবীর আঁচলচাঁপা দিয়ে মাধবীকে নিয়ে রিকশা থেকে নেমে একটি আম গাছের নিচে গিয়ে দাড়াল। দুজনেই এখনও চুপচাপ। মাধবীই নীরবতা ভাঙ্গল প্রথম।

"এ্যাই, বৃষ্টিতে ভিজবে"?
"হুমম"
দুজনেই ইচ্ছে করে বৃষ্টিতে ভিজতে লাগল তখন।
"কিছু বলছ না যে?"
"কি বলব"?

প্রশ্নটা করতে গিয়ে আবীর মাধবীর দিকে তাকাল। সবুজ শাড়িতে মাধবীর সারা শরীর লেপ্টে আছে বৃষ্টির পানিতে। কপালের লাল টিপটি অনেকটা সরে পড়েছে কপালের মধ্যস্থান থেকে। দেখতে কি অর্পুবই না লাগছে মেয়েটিকে। মানুষ এত অপরূপ সুন্দর হয় কি করে? একেই কি অসহ্য সুন্দর বলা হয়? যা দেখে বেশিক্ষন তাকিয়ে থাকা যায় না। চোখ সরিয়ে ফেলতে হয়।
আবার কিছুক্ষন চুপচাপ।

একটু পর আবীর ধরা গলায় বলল, "এ্যাই, তোমার হাতটা একটু ধরতে দিবে?"
মাধবী নীরবে এগিয়ে দিল তার হাতটি। মাধবীর হাতে হাত রাখল আবীর। এই কোমল ছোঁয়া আবীরের পুরো শরীরকে অদ্ভুতভাবে কাঁপিয়ে দিচ্ছিল। মাধবীর আঙ্গুলের খাঁজে খাঁজে আঙ্গল মিলিয়ে আবীর ওর সিক্ত হাতকে শক্ত করে ধরে থাকল। মাধবী আলতো করে আবীরের কাঁধে মাথা রাখল। দুজনেই দুর আকাশ

পানে তাকিয়ে থাকল কিছুক্ষন। আকাশের কালো মেঘ আস্তে আস্তে সরে যাচ্ছে দিগন্ত সীমানায়।
মাধবী হঠাৎ তীব্র আবেগে বলে উঠল, "প্লিজ, কথা দাও, কখনও ছেড়ে যাবে না আমাকে? তোমাকে ছাড়া আমি বাঁচব না আবীর।"

"না, যাব না"। আবীর মাধবীর চোখের দিকে এক দৃষ্টিতে তাকিয়ে থাকল। মাধবীও তাই। দুজনের চোখে চোখ। মাধবীর গভীর ঘনকালো চোখ দুটো যেন আরও দূর্বল করে দিচ্ছিল আবীরকে।

আবীরের চোখে অশ্রু। স্বর্গীয় আনন্দের অশ্রু। বৃষ্টির পানির সাথে আবীরের অশ্রু মিশে যাচ্ছে। দেখা যাচ্ছে না। আবীর মাধবীর ভেজা কপালে চুমু খেল। আবীর মনে মনে ভাবল, "এত সুখ কি তার কপালে সইবে"? আবীর এক হাত দিয়ে মাধবীর ভেজা শরীর তার শরীরের সাথে চেপে ধরল। দুজন মুখোমুখি। আবীর ধীরে ধীরে তার তপ্ত ঠোঁটটি মাধবীর রক্তিম ঠোঁটের দিকে এগিয়ে নিতে থাকল। মাধবীর গরম নিশ্বাস স্পস্ট টের পাচ্ছে আবীর। দুটি শরীর, দুটি মন যেন এক হয়ে মিশে যাচ্ছে ভালবাসার অন্তহীন গভীরতায়।

এক বছর পর।
"আবীর, তোমার মনে আছে? ঠিক এক বছর আগে, ঠিক এই এখানটায় আমাদের প্রথম দেখা হয়েছিল। "
"মনে আছে"।
"আর আজ আমরা বিয়ে করতে যাচ্ছি ঠিক এখানটায় এসেই। আমাদের ভালবাসার চূড়ান্ত রূপ দিতে যাচ্ছি আজ"।
"হুমম, আবীর অন্যমনস্কভাবে তাকিয়ে আছে বাইরের দিকে। কিছুক্ষন পর বলল,

অতৃপ্ত প্রতিশোধ

"ওইদিনের মত আজও তাই তোমাকে সবুজ শাড়ি পরে আসতে বলেছি, আর চুলে রজনীগন্ধা"।

মাধবী ফ্যাকাশে হাসি হেসে বলল, "তুমিও তাই"।

"হুমম"।

"এ্যাঁই, আজও আমার ওইদিনের মত খুব ভয় ভয় করছে", মাধবী কাঁপা কাঁপা গলায় বলল।

"কেন সোনা"?

"আমার কেন জানি মনে হচ্ছে, বাবা ঠিকই আমাদের খুজে বের করে নিবে। কাল পালিয়ে আসার আগমুহূর্তে কেমন করে তাকাচ্ছিলেন বাবা। বাবা, আমার জন্য পারেন না, এমন কোন কাজ নেই আবীর। খুব ভয় করছে আমার, আবীর। এখানে যদি বাবা তার সাঙ্গপাঙ্গ নিয়ে আসেন। তোমাকে যদি ওরা কিছু করে ফেলে। তোমার যদি কিছু হয়, আমি বাঁচব না। আমাকে একটু জড়িয়ে ধরবে, আবীর"।

আবীর জড়িয়ে ধরল মাধবীকে, "ভেব না জান, কিছু হবে না। সব ঠিক হয়ে যাবে, ভরসা রাখ, লক্ষিটি"।

হঠাৎ ভোঁ ভোঁ করে কেঁদে উঠল মাধবী। আবীর আরও জড়িয়ে ধরল মাধবীকে। এমন সময় ভরাট স্বর শুনে চমকে উঠল মাধবী।

"তুই ই আমার মেয়েকে.....। এই ধর"।

পেছনে ফিরে তাকিয়ে মাধবীর পিলে চমকে উঠল। মাথা ঝিমঝিম করতে লাগল। গলার স্বর আটকে যেতে থাকল। সামনে বাবা দাড়িয়ে। সাথে তার

সসস্ত্র গুন্ডাদল।

আবীর করুন চোখে মাধবীর দিকে তাকিয়ে থাকল কিছুক্ষন। আসন্ন পরিণতি মোকাবিলায় শক্তি অর্জনের চেষ্টা করতে লাগল আবীর মুহূর্তেই। মাধবী আরও শক্ত করে জড়িয়ে ধরে থাকল আবীরকে। মাধবীর বাবা এগিয়ে আসতে লাগল তীব্র বেগে তার সসস্ত্র বাহিনী নিয়ে।

—— ধ্যাৎ, এমন সময় কারেন্ট চলে গেল। শালার লোডশেডিং। বিদ্যুৎমন্ত্রির গোষ্টি গিলাই।

পুনশ্চ: মাননীয় প্রধানমন্ত্রি, "ডিজিটাল বাংলাদেশ উইথ নো ইলেকট্রিসিটি" আমাদের দরকার নাই। প্লিজ, বিদ্যুৎ উৎপাদনের কিছু একটা ওয়ে বের করেন। আর কত! অন্তত ভালবাসায় লোডশেডিং কোনভাবেই মানা যায় না]

www.ingramcontent.com/pod-product-compliance
Lightning Source LLC
Chambersburg PA
CBHW040546170726
48295CB00012B/607

* 9 7 8 1 7 3 8 2 6 9 1 2 9 *